Les nouveaux modes de management et d'organisation

Innovation ou effet de mode ?

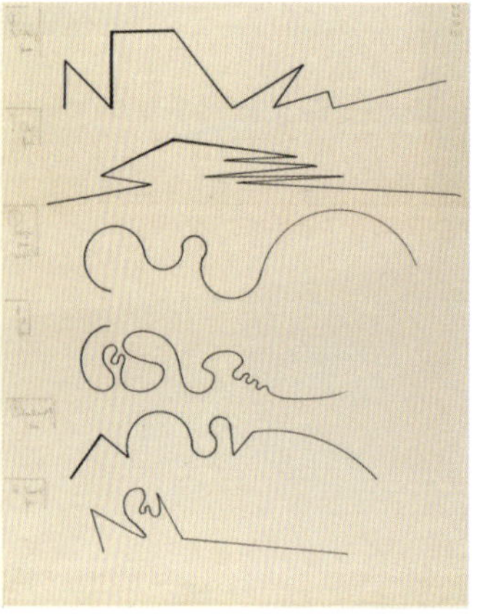

Photo de couverture :
Étude pour Point et ligne sur plan
Kandinsky Vassily (1866-1944)
Paris, Centre Pompidou – Musée national d'art moderne – Centre de création industrielle

Suzy Canivenc, *Les nouveaux modes de management et d'organisation. Innovation ou effet de mode ?*, Paris, Presses des Mines, 2022.

ISBN : 978-2-35671-874-7
ISSN : 2495-1706

60, boulevard Saint-Michel – 75272 Paris Cedex 06 – France
presses@mines-paristech.fr
www.pressesdesmines.com

81, boulevard Saint-Michel – 75005 Paris – France
info@la-fabrique.fr
www.la-fabrique.fr

Direction artistique : Franck Blanchet
Couverture et mise en page : Cécile Chemel
Dépôt légal : 2022
Achevé d'imprimer en 2022 – Imprimerie Chirat

Les nouveaux modes de management et d'organisation

Innovation ou effet de mode ?

Suzy Canivenc

avec la collaboration de Marie-Laure Cahier

Préface de Thomas Coutrot

CHAIRE FIT²
FUTURS DE L'INDUSTRIE ET DU TRAVAIL
MINES PARIS - PSL

La Fabrique de l'industrie
laboratoire d'idées

Préface

L'ouvrage que vous avez entre les mains est précieux à bien des égards. Depuis plus d'un siècle, le taylorisme est le cadre de pensée spontané de la rationalité managériale en matière d'organisation du travail. Le progiciel de gestion intégré et l'algorithme ont remplacé le chronomètre mécanique, mais la philosophie sous-jacente est la même : pour être rationnellement organisé, le travail des exécutants doit être découpé par les ingénieurs en tâches élémentaires, étroitement définies et contrôlées. Le *lean management* modernise ce paradigme sans s'en affranchir, s'éloignant ainsi du modèle japonais qu'il était censé adapter.

Mais depuis un siècle, des managers, minoritaires et audacieux, tentent d'échapper à cette pensée « mécaniste » en développant des approches qu'on qualifie parfois de « nouvelles », mais que je préfère qualifier de « sociotechniques » – pour leurs déclinaisons classiques – ou « d'organiques » – pour les théorisations récentes. En examinant l'histoire longue de cette dissidence et ses formes actuelles, Suzy Canivenc parvient à montrer à la fois la forte continuité intellectuelle dans laquelle celles-ci s'inscrivent et les indéniables innovations qu'elles apportent.

Le deuxième apport majeur de l'ouvrage réside dans son ancrage dans la recherche de terrain. Trop souvent les auteurs les plus lus en la matière reprennent, sans y regarder de plus près, les récits des « managers libérateurs ». S'ils sont souvent stimulants, il n'est pas certain que ces récits reflètent la complexité des processus réels. Suzy Canivenc s'appuie non pas sur de belles histoires mais sur des études monographiques approfondies. Certes, mener de telles études suppose que les chercheurs aient accès au terrain, et donc l'accord du ou des dirigeants des entreprises étudiées, ce qui induit un biais peu évitable. Mais une enquête bien menée, prenant le temps et recueillant la diversité de témoignages nécessaires, permet d'échapper aux simplifications et à l'hagiographie. Les recherches de terrain exploitées dans cet ouvrage en sont la preuve, tant elles illustrent de façon éloquente non seulement les réussites mais aussi les contradictions et les apories des expériences décrites.

Comment expliquer le regain récent de l'attention portée à ces « nouveaux modes de management et d'organisation » (ou *New Ways of Working*) ? Suzy Canivenc énumère plusieurs facteurs possibles : l'émergence de la forme réseau, les innovations numériques, la pensée complexe, les aspirations des jeunes générations. Je penche plutôt pour l'hypothèse d'une réaction aux excès du *lean,* dont l'auteur note à juste titre qu'il représente un dévoiement mécaniste du modèle japonais. L'essor de la littérature académique sur le *high performance work system* est concomitant avec l'arrivée du *lean management* (rien avant 1990, 2600 articles dans la décennie 1990 selon Google Scholar), mais sa flambée récente (19000 articles de 2012 à 2022) montre les interrogations croissantes que suscitent ces pratiques, qui aboutissent à une perte de sens du travail pour beaucoup de salariés, quel que soit leur âge. Suzy Canivenc remarque d'ailleurs à juste titre que les aspirations de la soi-disant Génération Z ne se distinguent pas fondamentalement « de celles portées en son temps par la "génération 68" » (p. 34).

À celles et ceux qui voudraient mettre en œuvre dans leur organisation des démarches de responsabilisation ou de « libération » du travail, Suzy Canivenc, au bout du compte, apporte trois conclusions principales qu'il faut prendre au sérieux : il est utile d'avoir un ou (de préférence) plusieurs modèles théoriques en tête, mais il faut prendre le temps d'expérimenter pas à pas, et surtout d'associer à chaque étape les salariés aux décisions. Les nouveaux modèles (agile, opale, sociocratique, libéré…) sont utiles parce qu'ils donnent des outils de pensée et d'action. Mais ils sont par nature trop généraux pour être implémentés « tels que » comme les modèles « packagés » des grands cabinets de *consulting.* Il n'y a donc pas de *one best way* de l'autonomie : c'est d'ailleurs une contradiction dans les termes, puisque l'autonomie consiste par définition à se donner ses propres lois.

On peut donc s'inspirer d'un modèle, à condition de le bricoler et de le reformuler en fonction des retours d'expérience. Dans ce va-et-vient entre théorie et expérience, la prise en compte du travail réel est essentielle, et elle ne peut se faire qu'à travers l'écoute attentive des salariés : « Les instances de délibération, de dialogue professionnel comme de dialogue social, ainsi que les échanges bilatéraux (avec les managers, coachs ou pairs), seront évidemment des dispositifs clés pour identifier les risques ou dérives inhérents à la démarche » (p. 114).

La « résistance au changement » dont se plaignent souvent les dirigeants est en réalité une résistance aux changements imposés, incompris et dénués de sens pour celles et ceux qui en subissent les conséquences au quotidien dans leur travail, alors qu'ils et elles ne manqueraient pas de bonnes idées de changement si on leur donnait le temps et les moyens d'y réfléchir. L'ouvrage donne maints exemples de réussites ou d'échecs associés à la prise en compte (ou non) de cet impératif.

Transformer réellement le travail est donc une tâche urgente mais exigeante, qui demande rigueur et engagement, et exige surtout un véritable lâcher-prise de la part du top management. Cela semble possible (au moins temporairement) dans des PME indépendantes dont le dirigeant s'engage personnellement dans cette voie, à condition qu'il sache devenir un *servant leader* : « Il ne s'agit plus pour lui de dire aux autres comment travailler, mais de les aider à faire un travail de qualité dans les meilleures conditions et selon leurs propres méthodes » (p. 71). La figure stylistique du *servant leader* rappelle étrangement celle du *mandar obedeciendo* (diriger en obéissant) du mouvement zapatiste[1], l'un des avatars récents de la tradition libertaire et autogestionnaire dont Suzy Canivenc nous rappelle qu'elle a joué un rôle pionnier dans les réflexions sur l'autonomie au travail.

C'est évidemment beaucoup plus difficile dans des groupes de grande taille soumis à une gouvernance actionnariale lointaine. Suzy Canivenc montre comment la transformation reste alors souvent « cantonnée au niveau micro (les équipes) et encapsulée dans un cadre plus large qui, lui, n'est pas modifié », ce qui peut conduire « à vider complètement le changement de sa substance » (p. 56-57). Demander aux personnes de décider de « comment » elles vont travailler, sans les associer au « pourquoi » (les finalités de leur travail) et sans interroger l'ensemble des rapports de pouvoir dans l'entreprise, est certainement l'une des apories de ces nouveaux modes de management et d'organisation. Mais c'est peut-être aussi ce qui en fait un terrain d'expérimentation sociale si passionnant.

Thomas Coutrot
Économiste et statisticien, chef du département Conditions de travail
et santé de la Dares au ministère du Travail de 2003 à 2022

1. Voir Jérôme Baschet, *La rébellion zapatiste*, Flammarion, 2019.

Résumé

Depuis les années 2010, les entreprises s'intéressent activement à de nouveaux modes de management et d'organisation (NMMO) en raison de changements de contexte majeurs : environnement concurrentiel exacerbé, transformation numérique des activités, nouvelles attentes des salariés, intégration de critères de performance sociaux et environnementaux…

Le lean, les méthodes agiles, l'entreprise libérée, l'holacratie, les organisations opale ou encore les sociétés à mission sont autant de concepts en vogue qui prétendent répondre à certaines de ces problématiques, mais pâtissent souvent d'un certain flou conceptuel. En revenant aux définitions originelles de ces modèles, il est toutefois possible de créer un langage commun au sein des entreprises pour ouvrir la discussion et débattre collectivement du mode d'organisation du travail.

Ces modèles ont pour caractéristique commune de chercher à s'affranchir du modèle « mécaniste » initié par Taylor puis Ford au début du XXe siècle. Les limites du modèle mécaniste se sont révélées de plus en plus criantes à partir des années 1960, tant en termes de conditions de travail que d'efficience, ouvrant la voie à la recherche d'alternatives organisationnelles.

Toutefois, alors qu'ils sont souvent présentés comme des ruptures conceptuelles, ces « nouveaux » modèles trouvent en réalité leurs origines dans des courants de pensée anciens. On retrouve dans le socialisme utopique du XIXe siècle, ou encore dans l'école des relations humaines à partir des années 1920, de nombreuses briques qui constitueront par la suite le socle commun de ces NMMO. Derrière la diversité apparente des formes, on assiste donc plutôt à un réagencement et à une recombinaison de concepts anciens, ripolinés dans un discours approprié au temps présent. Les points communs entre ces modèles l'emportent sur leurs différences : l'accent est mis sur le travail en équipe, l'enrichissement et l'élargissement des tâches à l'origine d'effets d'apprentissage, l'auto-organisation de groupes restreints, la subsidiarité dans les prises de décision, la discussion collective, le management de soutien professionnel, etc.

Cela étant posé, ce nouvel engouement des entreprises pour les NMMO peut-il être qualifié de transformation profonde ou s'apparente-t-il plutôt à un effet mode ?

À la lumière de travaux de recherche distinguant une mode managériale d'une innovation organisationnelle, on remarquera qu'une même méthode de gestion peut être implantée dans une organisation de deux manières bien différentes.

1. Soit la méthode est construite par les acteurs internes, qui peuvent s'inspirer de modèles existants mais font l'effort de les adapter pour répondre à leurs besoins et spécificités propres (secteur d'activité, culture organisationnelle, jeux d'acteurs, etc.), selon une logique expérimentale et itérative : ces méthodes s'hybrident alors avec d'autres pratiques internes, donnant lieu à de nouveaux usages originaux.

2. Soit la méthode est imposée sous la forme d'un produit simplifié et packagé, souvent porté par des acteurs externes (consultants) et fréquemment mis en œuvre de manière descendante, avec un sentiment d'urgence et sans participation significative des acteurs de terrain à la conception du contenu ou à la conduite du changement.

Cette approche, certes binaire, permet de distinguer une mode de gestion d'une innovation, à partir des deux critères essentiels que sont l'appropriation-adaptation de la méthode elle-même et la place accordée aux acteurs de terrain dans ce processus. Dans la pratique, on assiste le plus souvent à une combinaison de mouvements descendants et ascendants. Ces modes de déploiement distincts représentent également des indices concernant la portée que l'entreprise entend donner à cette transformation. S'agit-il de se contenter de modifier quelques éléments internes du système tout en préservant son identité globale, ce qui donne lieu à une évolution paradoxale où « plus ça change, plus c'est la même chose » ? Ou le changement envisagé ambitionne-t-il de s'attaquer aux règles gouvernant l'organisation (structures de pouvoir, gouvernance, voire finalité poursuivie par l'entreprise) ?

Force est de constater qu'il existe un très large éventail dans les manières de concevoir et d'implanter ces NMMO, allant d'une simple recherche de flexibilité des équipes à la quête d'une gouvernance plus démocratique inspirée par une mission d'ordre supérieur. Il importe donc de ne pas s'arrêter aux étiquettes et de regarder, dans le détail, tant les pratiques implantées que les manières dont elles sont mises en place.

À partir d'un corpus d'une vingtaine de cas d'entreprises, allant d'organisations autogérées à des divisions de grands groupes, dans des secteurs d'activité diversifiés, six pratiques récurrentes et caractéristiques des NMMO se dégagent : 1) la reconfiguration du design organisationnel ; 2) la définition de zones d'autonomie pour les prises de décision ; 3) l'évolution du rôle managérial ; 4) l'évolution du rôle des opérationnels ; 5) des changements dans les pratiques RH ; 6) une ouverture des systèmes d'information.

La « mise en musique » de ces pratiques représente autant de variations sur le thème. Ce sont des « instruments » permettant à chaque organisation de sélectionner, combiner et expérimenter des formes opérationnelles adaptées à ses spécificités et toujours évolutives, à la manière d'un groupe de jazz. C'est dans cette absence de *one best way* que réside fondamentalement le changement de paradigme organisationnel ouvert par les NMMO.

Les observations montrent aussi que leur déploiement se heurte à nombre de limites et de blocages récurrents, relevant à la fois du niveau individuel des salariés et du niveau organisationnel de l'entreprise. Ce type de transformation n'est pas un long fleuve tranquille, ça secoue souvent, ça fait très mal parfois. La montée en autonomie, les changements dans les frontières de responsabilité, la disparition des routines, les difficultés de coordination, le sentiment de chaos qui s'ensuit fréquemment, peuvent entraîner une montée sévère des risques psychosociaux ainsi que des effets de retrait ou des démissions, entachant gravement le climat social et l'efficience, à rebours complet des effets espérés. Si les entreprises visent uniquement à satisfaire des KPI à court terme, il est probable qu'elles seront déçues, concluront que ces expérimentations ne fonctionnent pas et qu'il est sage de revenir à des méthodes plus traditionnelles. C'est pourtant là que la « philosophie » organisationnelle qui sous-tend l'action fera toute la différence : éviter la manière brutale, se donner du temps, expérimenter à petits pas et corriger le tir, veiller à la structuration des processus, rester ouvert à la divergence de vues, prévoir des contreparties à l'investissement des salariés… représentent autant des conditions de réussite que des garde-fous contre des changements de cap très perturbants.

Les nouveaux modes de management et d'organisation cristallisent ainsi une forme de fascination mais également bien des controverses. Les passions qu'ils suscitent découlent directement du « nœud » qu'ils révèlent : les implanter (ou plutôt les faire émerger) paraît de plus en plus nécessaire compte tenu du contexte d'incertitude qui prédomine, mais la remise en cause des pouvoirs qu'ils véhiculent en fait une matière hautement inflammable et toujours suspecte. Pourtant, aussi difficiles qu'elles soient, ces expérimentations de NMMO au plus près des besoins du terrain sont à même de développer les capacités d'innovation, de souplesse et de réactivité recherchées par les organisations, tout en permettant un plus grand respect des parties prenantes et la conversion progressive des entreprises à une véritable responsabilité sociétale.

Remerciements

Cet ouvrage doit beaucoup à tous ceux qui ont accompagné mes travaux de recherche depuis maintenant 15 ans (même si je reste évidemment seule responsable des analyses qui y sont développées et de leurs éventuels manquements). Celui-ci est en effet le fruit d'une réflexion au long cours entamée dès mes études en sciences humaines et sociales. Les professeurs qui m'ont transmis leur passion pour la compréhension des phénomènes socio-organisationnels sont nombreux et je ne peux les citer tous ; ils se reconnaîtront. Je tiens à remercier particulièrement mes directeurs de recherche en doctorat et post-doctorat pour leurs conseils avisés et la confiance qu'ils m'ont accordée : Christian Le Moënne et Catherine Loneux (Université Rennes 2) et Diane-Gabrielle Tremblay (Université TÉLUQ). Toutes les entreprises et organisations qui m'ont reçue au cours de mes enquêtes méritent ma plus vive reconnaissance. La formalisation de cette réflexion tient aussi beaucoup au dialogue fécond entretenu avec mes étudiants qui seront les managers et cadres de demain : je les salue chaleureusement. Je remercie également David Alcaud et Mathilde Dégremont qui m'ont stimulée pour mettre mes réflexions académiques au service des consultants de Square Management. Mes plus chaleureux remerciements vont évidemment à Thierry Weil et Marie-Laure Cahier de la Chaire Futurs de l'Industrie et du Travail sans lesquels cet ouvrage n'aurait jamais vu le jour. Leur ouverture d'esprit, leur bienveillance et leur sagacité intellectuelle ont été des aides précieuses pour concrétiser ce projet. Les mécènes de la Chaire FIT^2 ont non seulement soutenu ce projet mais ont fait aussi une relecture exigeante du manuscrit qui a permis de l'améliorer en de nombreux points. Qu'ils en soient ici remerciés. Enfin, un grand merci à l'équipe de La Fabrique de l'industrie, Vincent Charlet, Emilie Binois, Sharif Abdat, Mathilde Jolis et Hélène Simon, qui fait un travail d'édition et de communication remarquable au service des ouvrages qu'elle défend.

Sommaire

Chapitre 4

Chapitre 5

Chapitre 6

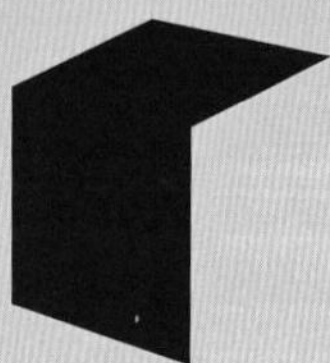

INTRODUCTION

Les entreprises contemporaines semblent prises dans un maelstrom de nouveautés organisationnelles et managériales où les slogans et les mots d'ordre se succèdent dans une certaine confusion conceptuelle : lean durable, holacratie, entreprise libérée, agilité organisationnelle, organisation opale, gouvernance partagée, entreprise à mission, etc.

Pendant longtemps, l'expression consacrée par la recherche académique pour désigner les phénomènes abordés dans cet ouvrage, a été « nouvelles formes d'organisation du travail » (NFOT). Elle renvoyait jusque dans les années 1990 à des pratiques et processus de travail très diversifiés ayant « pour trait commun de constituer une rupture avec les formes hiérarchiques et tayloriennes, héritées à la fois de l'ère industrielle et de la bureaucratie » (Valenduc et Vendramin, 2006). Ces nouvelles formes sont restées le plus souvent expérimentales ou cantonnées à certains pays (Scandinavie, Japon, par exemple, avec des tentatives d'exportation aux résultats mitigés) ou encore à certains types d'organisations (Scop, entreprises autogérées, associations).

Depuis les années 2010, ce domaine semble à nouveau en pleine ébullition. Alors que de nouvelles pratiques numériques traversent les entreprises, leur permettant de s'affranchir des frontières d'espace et de temps, les mécanismes traditionnels de commandement, de coordination et de contrôle, ne semblent plus garantir une réactivité et une adaptabilité suffisantes pour répondre à des conditions de marché incertaines et changeantes. Le succès des organisations reposerait de plus en plus sur la coopération de leurs membres, l'intensité des échanges entre équipes, leur rapidité, leur capacité d'initiative et d'engagement dans un cadre défini, en faveur du progrès continu et de l'innovation. S'y ajoute la nécessité de mobiliser une population de collaborateurs de plus en plus éduquée, volatile et attentive à la qualité du travail proposé (intérêt, sens, développement des compétences). Les nouvelles habitudes de travail issues de la pandémie de Covid-19, et en particulier le télétravail, ont accéléré les changements déjà en germe concernant l'organisation du travail et les pratiques managériales. En définitive, comme le résumaient déjà Michel Ajzen, Céline Donis et Laurent Taskin (2015), « une multitude de forces se combinent à différents niveaux (macro : mondialisation, flexibilisation, individualisation, digitalisation ; méso : dilution des frontières organisationnelles, pressions sur la productivité ; micro : attentes individuelles en matière de bien-être au travail, par exemple) et soutiennent le développement de nouvelles formes d'organisation du travail ».

Ces mouvements réinterrogent les cadres et les conceptions de l'action individuelle et collective, comme l'atteste le foisonnement contemporain d'initiatives. Le vocabulaire se transforme sous l'effet de cette effervescence : le sigle NFOT semble être tombé en désuétude au profit des NMMO (nouveaux modes de management et d'organisation) ou, plus récemment encore, de *New Ways of Working*[1] (NWoW). Nous verrons que sous ces appellations voisines se dissimulent en réalité des conceptions assez différentes de ce que recouvre une innovation de gestion par rapport à une mode de gestion. Dans les deux cas cependant, il est légitime de s'interroger sur la pertinence du qualificatif « nouveau ». Nous montrerons que la plupart desdits « nouveaux » modèles plongent leurs racines dans des courants de pensée datant de plus de cent ans, qui visaient dès cette époque à corriger les défauts perçus du taylorisme. Il aura donc fallu plus d'un siècle pour les redécouvrir.

Quels que soient le nom qu'on leur donne et leur date d'apparition, ces NMMO parviennent-ils réellement à concrétiser le changement de modèle organisationnel qu'ils promettent ? Telle est finalement la question centrale qui anime cet ouvrage. Quels sont les bénéfices généralement attendus par les entreprises ? Attractivité, rapidité de décision et d'exécution, simplification et résilience, engagement, créativité et capacité d'innovation renforcés, satisfaction des salariés et meilleur climat social, transformation progressive de la culture, pouvant être mesurés par des indicateurs tels que la satisfaction du client, le taux d'absentéisme, la facilité de recrutement, le taux d'engagement, le nombre de projets innovants sur le marché, etc. Si les promesses qu'affichent les NMMO sont donc séduisantes, nous verrons que ces bénéfices n'ont rien d'automatique, voire peinent à se concrétiser. Mesurer trop rapidement les bénéfices espérés peut conduire à des résultats décevants, amenant à interrompre prématurément les expérimentations. Force est de constater que les NMMO sont difficiles à implanter, même chez les plus convaincus. De nombreuses organisations butent sur des difficultés opérationnelles de mise en œuvre, sont déçues par l'impact des transformations entreprises ou par le rythme d'adoption qu'elles souhaitent susciter. S'y prennent-elles mal ? Quels sont les blocages et les embûches ?

1. « Mix organisationnel de pratiques de flexibilité du temps et de l'espace de travail, d'organisation du travail et de management dont la mise en œuvre est facilitée par les technologies de l'information et de la communication et qui s'inscrit au cœur d'une vision particulière de l'entreprise. » (Taskin, 2012).

Selon de nombreux témoignages de managers, les concepts employés demeurent souvent vagues et fumeux ; les changements attendus ne sont pas soutenus par une logique organisationnelle d'ensemble, ou dissimulent des formes d'hypocrisie organisationnelle, provoquant des dissonances cognitives chez les acteurs ou de nouveaux dysfonctionnements non anticipés. Nous verrons que seul un mode de déploiement prudent, patient, itératif, collectif et soucieux des risques psychosociaux, est susceptible de produire des résultats pérennes et d'ancrer durablement un changement. C'est donc un chemin fait d'indétermination et d'incertitude qu'il s'agit d'emprunter. « Le temps ne respecte pas ce qui se fait sans lui » rappelait déjà Paul Morand dans *L'homme pressé.*

Cet ouvrage se compose de deux grandes parties. La première est une analyse critique et pratique de ces nouveaux modèles. La seconde (cahier en fin d'ouvrage) est un guide généalogique qui les décrit de façon détaillée. Ce guide pourra représenter un petit texte de référence, utile pour dialoguer dans les organisations autour de ces sujets. En isolant ce cahier, nous évitons aux lecteurs déjà familiers avec les théories des organisations d'effectuer un long détour.

Dans la partie analytique, le premier chapitre offre un panorama synthétique des différents modèles organisationnels abordés dans la suite de l'ouvrage. Derrière la diversité apparente des formes contemporaines, il existe des fondements historiques anciens, marquant un continuum évolutif des modèles, ainsi que des attributs communs qui l'emportent sur les différences.

Le deuxième chapitre s'attache à montrer à quels changements de contexte (économique, social, technologique, épistémologique) répond le regain d'intérêt des entreprises pour ces NMMO à partir des années 2000.

Le troisième propose des critères pour distinguer un effet de mode d'une innovation sociale.

Le chapitre 4 analyse les NMMO à travers les pratiques réellement mises en œuvre dans certaines organisations pour en révéler les récurrences autant que les variations. Au-delà des pratiques adoptées, les méthodes de déploiement de ces innovations organisationnelles ou managériales sont souvent révélatrices de la portée que l'entreprise entend leur donner.

Apparaît alors la complexité de ces déploiements, butant sur de multiples limites individuelles et collectives (chapitre 5), auxquelles répondront des principes d'action et des points de vigilance à garder en tête pour ceux qui voudraient se lancer dans ce type de démarche (chapitre 6).

CHAPITRE 1

Les NMMO, c'est quoi ?

Vous avez certainement entendu parler du lean, des méthodes agiles, de l'entreprise libérée, voire de l'holacratie, des organisations opale ou encore des sociétés à mission. Autant d'étiquettes en vogue qui, souvent, souffrent de définitions floues et embrouillent les acteurs de l'entreprise plus qu'elles ne les éclairent. En seconde partie d'ouvrage, dans le *Guide généalogique et pratique des NMMO*, nous détaillons ces différents modèles, ainsi que leurs ancêtres, pour en offrir une vision plus précise.

Ces divers courants ont pour caractéristique commune de chercher à s'affranchir du modèle « mécaniste[2] » et de ses effets négatifs. Initié par Taylor puis Ford au début du XXe siècle, et considéré comme la première théorisation organisationnelle aboutie, le modèle mécaniste se fonde sur une spécialisation extrême des tâches, encadrées par des procédures strictes, édictées et contrôlées par une longue ligne hiérarchique. Ce modèle était bien adapté pour intégrer dans le travail une population dotée d'un faible niveau d'éducation et absorber les effets de l'exode rural. Il a permis des gains de productivité exceptionnels.

Mais, à partir des années 1960, ses limites sont apparues de plus en plus criantes, tant en termes de conditions de travail que d'efficience organisationnelle. La spécialisation et la parcellisation des tâches aboutissent à de graves détériorations physiques et psychiques au plan humain, qui engendrent des effets contre-productifs : les cadences créent une fatigue nerveuse ; la répétitivité des gestes entraîne le développement de maladies professionnelles ; la monotonie et le désintérêt entraînent une baisse des rendements, mais également des coûts cachés (défauts de qualité, accidents du travail, désengagement,

2. Ce modèle est désigné comme « mécaniste », car les entreprises y sont « conçues et gérées comme s'il s'agissait de machines » (Morgan, 1989) dans lesquelles « chaque individu est un rouage » (Plane, 2003).

absentéisme, turn-over). Plus encore, cette forme organisationnelle basée sur la prévisibilité de l'environnement et la planification agit négativement sur la performance, dès lors que l'environnement économique se complexifie ou devient instable comme c'est le cas à partir des années 1970.

En définitive, ce «modèle» prend appui sur une vision très réductrice du potentiel humain où l'homme au travail est considéré comme le rouage d'une machine et uniquement mû par des gains monétaires. Il présuppose une relation passive du travailleur à son activité, alors qu'en réalité, pour atteindre les objectifs qui lui sont assignés, l'implication du travailleur est sollicitée en permanence pour résoudre les aléas et adapter le processus productif prescrit à la réalité, sans que cette contribution soit officiellement reconnue par le management.

À partir de la fin des années 1960, une nouvelle génération plus qualifiée du fait d'une éducation plus longue émerge, aspirant à une libération des mœurs dans la vie privée et de la subordination dans le travail (partage du pouvoir, autonomie, épanouissement, considération, créativité, etc.[3]). Un changement culturel profond s'amorce.

Tour d'horizon rapide des NMMO

Face à ces limites, de nouveaux modèles ont émergé dès cette époque, puis à chaque décennie, et semblent actuellement se multiplier, avec des approches plus complémentaires que concurrentes. L'approche sociotechnique, l'école japonaise (lean), l'agilité, le mouvement des entreprises libérées, l'holacratie, les entreprises opale et les entreprises à mission : tels sont les sept «modèles» d'organisation étudiés dans cet ouvrage et collectivement désignés sous le sigle NMMO (figure 1.1)

3. À rapprocher des considérations sur la génération Z au chapitre 2 pour mesurer que la «rupture» d'aujourd'hui s'inscrit en réalité dans une continuité d'aspirations.

Figure 1.1 – Les différents courants des NMMO émergeant à partir des années 1960

Courants	Représentants principaux	Principes organisationnels promus
Approche sociotechnique (1960-1970)	Emery et Trist (Tavistock Institute)	• Interdépendance des facteurs humains et technico-organisationnels. • Supériorité des équipes de travail auto-organisées, c'est-à-dire polyvalentes et semi-autonomes dans l'organisation de leur travail. • Imbrication du dialogue professionnel et social. > *Initialement testés dans les mines anglaises, ces principes ont surtout été mis en application dans les entreprises norvégiennes, suédoises et aux Pays-Bas.*
École japonaise (1970-)	Toyoda, Ohno Womack, Jones	• Modèle de production en juste-à-temps visant la qualité totale et fondé sur l'amélioration continue (Kaizen). • Participation des opérateurs à l'amélioration des processus via des groupes de résolution de problèmes (cercles de qualité) au sein des équipes de travail, porteurs d'effets d'apprentissage. • Réduction de la distance entre conception et exécution. > *Distorsion dans une perspective taylorienne souvent désignée par le terme lean par opposition à la philosophie d'origine.*
Agilité (1990-)	Chercheurs de Lohigh Méthodologistes (Manifeste agile)	• Un concept théorique flou né aux Etats-Unis et visant à contrer le modèle japonais en contexte VICA. • Opérationnalisé ensuite par les acteurs de terrain de l'informatique partageant des valeurs et des principes hyperformalisés dans des méthodologies incrémentales et itératives basées sur l'auto-organisation des équipes de travail, un management facilitateur et l'intégration régulière du client tout au long du processus.
Entreprises libérées (1990-)	Peters, Zobrist, Getz	• Démarche de transformation basée sur le principe de subsidiarité : décentralisation des décisions au sein des équipes de travail appelées à s'auto-organiser, management facilitateur, lâcher-prise du dirigeant.
Holacratie (2010-)	Robertson	• Auto-organisation d'équipes (« cercles ») interconnectées (via des « liens ») où les décisions se prennent au consentement ; les managers sont choisis par élection sans candidat ; les travailleurs assurent différents « rôles ». • Importance de la raison d'être comme élément fédérateur.
Entreprises opale (2015-)	Laloux	• Principe d'autogouvernance grâce à une autorité distribuée. • Souci du développement personnel et de l'épanouissement du salarié. • Importance de la raison d'être qui doit être noble et évolutive.
Entreprises à mission (2019-)	Collège des Bernardins, CGS des Mines, Rapport Notat-Senard	• Rééquilibrage des intérêts des parties prenantes au lieu de la seule création de valeur actionnariale. • Intégration d'objectifs sociaux et environnementaux dans la stratégie. • Management participatif et porteur de sens. Construction collective ancrée dans le corps social.

Les NWoW

Depuis les années 2010, une autre expression tend aussi à se répandre dans les organisations : les *New Ways of Working* (NWoW) ou nouvelles manières de travailler. Il s'agit d'une juxtaposition de pratiques, devant permettre à des organisations le plus souvent traditionnelles de se « déhiérarchiser », se « désiloter », « s'agiliser » et se « déspatialiser » pour être plus réactives et mieux répondre aux besoins des clients.

Ajzen, Donis et Taskin (2015) définissent les NWoW comme un ensemble : 1) de pratiques de flexibilité spatio-temporelle (open space, flexoffice, télétravail à domicile ou en mobilité, horaires flexibles, etc.), 2) de pratiques de management dit participatif, 3) de modes de travail collaboratif ; 4) de technologies de l'information et de la communication (TIC) soutenant ces formes organisationnelles.

Les 4 dimensions constitutives des NWoW

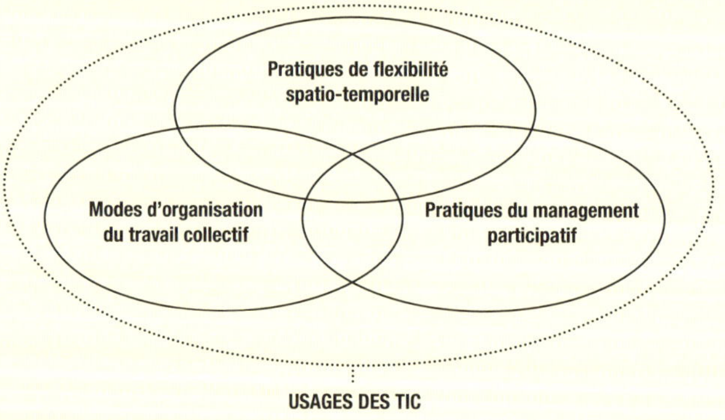

Source : Ajzen et al., *(2015).*

Une autre manière de décrire les NWoW consiste à utiliser les trois B : *Bricks*, *Bytes* et *Behaviours* (Jemine, 2016). *Bricks* (briques) renvoie à de nouvelles configurations des espaces de travail ; *bytes* (octets) à l'utilisation des outils numériques ; *behaviours* (comportements) à de nouveaux attendus comportementaux individuels et collectifs pour les managers et les collaborateurs. Ces attendus sont assez récurrents d'une entreprise à l'autre : mettre le client au centre, faire preuve d'écoute bienveillante, communiquer de façon constructive et sincère, assurer de la reconnaissance via la pratique du *feedback*, développer les contributions de chacun, être capable d'initiative, de créativité et d'engagement, travailler en coopération et s'entraider, manager par la confiance, simplifier ou réduire la complexité, etc.

Les NWoW représentent une somme de pratiques managériales visant la flexibilité, mais ils n'ont pas la cohérence intellectuelle interne des NMMO. Comme l'indiquent Desmarais *et al.* (2022), ils poursuivent un niveau d'autonomie des équipes moins radical que les modèles conceptuels précités, mais peuvent représenter une étape dans cette évolution. La diffusion de ces pratiques a été accélérée par la crise pandémique de 2020, dans le prolongement de l'élargissement du télétravail, qui a permis de donner de la consistance à des projets de transformation imaginés depuis déjà plusieurs années par certaines organisations. La fréquence de ces pratiques justifie que nous les examinions, ne serait-ce que pour en montrer les limites (voir chapitre 3).

Les NMMO sont-ils nouveaux ?

Les derniers modèles à la mode des années 2010 et suivantes s'inscrivent dans un continuum de plus de soixante ans, ce qui relativise sensiblement leur caractère « novateur ». Qui plus est, un rapide retour historique fait apparaître des origines bien plus anciennes.

Les fabriques de l'utopie : socialisme utopique et mouvement autogestionnaire

Dès les débuts de l'ère industrielle, horrifiés par la misère et les conditions de travail dans lesquelles les ouvriers et les ouvrières des premières manufactures sont maintenus, des penseurs et expérimentateurs comme Robert Owen, Charles Fourier, Jean-Baptiste André Godin ou Pierre-Joseph Proudhon, que l'on qualifie de « socialistes critico-utopiques », ont participé à l'édification des fondements d'un modèle alternatif. Partant de l'observation du travail, leurs analyses passent du niveau micro (améliorer les conditions de travail) au niveau macro-organisationnel (mettre en cause les conditions sociales et les structures de pouvoir).

À leur suite, le mouvement autogestionnaire concrétisera quelques-uns des grands principes de Fourier et de Proudhon en diverses occasions historiques, à dimension politique voire révolutionnaire : de la Commune de Paris de 1871 aux kibboutz israéliens, en passant par les soviets russes de 1905 ou encore les conseils ouvriers allemands de 1918, etc. Toutefois, l'autogestion est restée le plus souvent confinée au sein de cercles intellectuels et militants restreints (Georgi, 2008). En France, un nouveau coup de projecteur sera mis en mai 1968, précisément à l'époque où émergent de nouvelles aspirations personnelles et collectives remettant en question le modèle mécaniste. L'autogestion « colle » alors parfaitement aux revendications disparates qui s'expriment tant du côté des ouvriers que de celui des étudiants. Les expérimentations resteront cependant rares, à l'exception de celle de l'entreprise horlogère Lip en 1973, qui ne visait en outre qu'à maintenir l'activité le temps de trouver un repreneur. À partir du milieu des années 1980, époque où triomphe le néolibéralisme, l'autogestion retombe dans l'indifférence puis l'oubli intellectuel, même si certaines Scop et associations continuent de puiser à cette source.

Si on les considère à la lumière du courant autogestionnaire, les formes organisationnelles alternatives de l'entreprise, fondées sur l'auto-organisation de groupes opérationnels, sont loin d'être « nouvelles » (Canivenc, 2009, 2011) : Casalegno (2017), par exemple, fait remonter le mouvement de l'entreprise libérée aux « entreprises utopiques ». C'est pourquoi, compte tenu de cette filiation, nous incluons également des organisations autogérées dans le panel des cas analysés dans cet ouvrage.

L'école des relations humaines

Bien avant les années 1960, une autre filiation des NMMO se dessine, plus gestionnaire et moins politique. Quasi parallèlement à sa diffusion, à partir des années 1920, le modèle taylorien-fordien se voit bousculé par des chercheurs qui construisent alors le champ de la psychosociologie naissante. Sociologie et psychologie sont à l'époque de jeunes disciplines en plein développement et certains chercheurs commencent à investir le sujet du travail et le milieu de l'entreprise. Ils sont regroupés sous le nom d'« école des relations humaines[4] » (ERH), car affiliés à un même courant de pensée qui va révéler des dimensions ignorées par le modèle mécaniste. Sur le plan de la psychologie, ce courant met au jour l'existence de *motivations extra-économiques* chez les travailleurs ; sur le plan de la sociologie, il met l'accent sur les *phénomènes liés au groupe* dans la vie de travail. Il ne cessera de s'enrichir des années 1920 jusqu'aux années 1970 (voir figure 1.2).

4. Certains opèrent une distinction entre l'ERH (représenté principalement par Mayo), la dynamique des groupes (Lewin) et le courant de la psychologie organisationnelle (Maslow, Herzberg, McGregor, Likert, Argyris). Ces courants partagent cependant les mêmes préoccupations : une optimisation conjointe des besoins psychosociologiques des travailleurs et des objectifs productifs de l'entreprise. Nous choisissons donc d'intégrer le courant de la psychologie organisationnelle dans la continuité de l'ERH.

Figure 1.2 – Lignes de force de l'école des relations humaines (1920-1970)

Représentants principaux	Principes organisationnels promus
Mayo (1880-1949)	• L'intérêt accordé au travailleur accroît son intérêt au travail et donc sa productivité (effet Hawthorne). • Existence d'une organisation informelle du travail basée sur les relations affectives entre travailleurs. • Pertinence d'une évolution du rôle d'encadrant vers l'écoute et le conseil.
Maslow (1908-1970)	• Existence de motivations au travail sociologiques et psychologiques, extra-économiques.
Herzberg (1923-2000)	• L'insatisfaction au travail provient de facteurs extrinsèques et la motivation de facteurs intrinsèques. • Il est possible d'augmenter l'intérêt au travail en agissant sur ces facteurs par élargissement et enrichissement des tâches.
McGregor (1906-1964)	• Travaux qui distinguent deux conceptions de l'homme au travail à l'origine de deux conceptions organisationnelles et managériales différentes. Dans la théorie X, l'individu ne veut pas s'investir au travail et a besoin d'être commandé et contrôlé par des procédures strictes. Dans la théorie Y, l'individu cherche à s'investir au travail et demande à prendre des initiatives et des responsabilités nécessitant de décentraliser certaines missions.
Lewin (1890-1947)	• Supériorité du leadership démocratique sur l'autoritarisme ou le laisser-faire : nécessite du temps pour se mettre en place mais permet des effets d'apprentissage. • La discussion en groupe modifie les normes sociales du groupe et diminue sa résistance au changement.
Likert (1903-1981)	• Supériorité du management participatif misant sur l'esprit d'équipe.
Argyris (1923-2013)	• L'organisation efficace, d'une part est celle qui développe le « succès psychologique » de chacun via l'enrichissement et l'élargissement des tâches, un management basé sur la confiance, la décentralisation des décisions, la prise en compte des facteurs émotionnels et relationnels, et celle qui estd'autre part est capable de développer ses capacités d'apprentissage (« organisation apprenante »).

On retrouve dans l'ERH une grande partie des briques qui caractériseront par la suite les NMMO : l'accent mis sur le travail en équipe, l'enrichissement et l'élargissement des tâches à l'origine d'effets d'apprentissage, l'organisation informelle dont sont capables les travailleurs (qui débouchera sur l'idée d'auto-organisation), le management de soutien professionnel et psycho-affectif.

En résumé, les NMMO poursuivent un ensemble de réflexions qui datent de plus d'un siècle, voire davantage, et qu'il paraît dès lors difficile de qualifier de « nouvelles ». Ce retour historique révèle ainsi non une rupture (Autissier *et al.*, 2016) ou une discontinuité récente (Adam-Ledunois et Damart, 2017), mais un continuum évolutif dont l'origine est quasiment concomitante à celle du modèle mécaniste. En ce sens, les modèles actuels ne seraient qu'un prolongement de concepts anciens, « réinventés pour l'occasion et réhabilités par un discours approprié au langage du temps » (Louart, 1996). Pierre Louart repérait déjà en 1996 « ce qui n'est au fond qu'une reprise d'anciennes formules rafraîchies ou améliorées par les technologies récentes ».

Des attributs communs

Si les briques conceptuelles développées par chacun des modèles et leur combinaison peuvent parfois différer et si certains ont des spécificités propres, les points communs prédominent (figure 1.3).

Tous les modèles intègrent la rupture profonde incarnée par l'ERH et, avant elle, par les socialistes utopistes : la prise en compte des dimensions psychosociologiques ignorées par le modèle mécaniste, qui ne valorisait que les aspects technico-organisationnels. L'approche sociotechnique proposera de coupler ces deux aspects, tout en soulignant la capacité d'auto-organisation des groupes restreints.

À partir de là, les innovations suivantes semblent incrémentales : elles peaufinent les apports précédents, en combinant leurs briques conceptuelles ou opérationnelles de manière originale et en y ajoutant quelques nouveautés. Les méthodes agiles mettront, par exemple, en lumière la figure du client ; celui-ci est directement intégré dans le processus productif et l'entreprise libérée le placera carrément en haut de la pyramide (on retrouve d'ailleurs là en substance le modèle japonais consistant à « penser à l'envers » [Coriat, 1994] où c'est le client qui déclenche la production). De même, la notion de « mission » d'entreprise, embryonnaire jusque dans les années 2010, gagnera en force avec les modèles plus récents : de la « vision » du leader libérateur, en passant par la « raison d'être » holacratique, qui se doit en outre d'être « évolutive » dans l'organisation opale de Frédéric Laloux, jusqu'à sa consécration juridique à travers la loi PACTE (Plan d'action pour la croissance et la transformation des entreprises), en 2019. En dehors de ces évolutions incrémentales, les briques fondamentales restent les mêmes.

Figure 1.3 – Tableau comparatif des composantes du modèle mécaniste *versus* les nouveaux modèles

Briques du modèle mécaniste	Briques des nouveaux modèles	Courants représentatifs
• Division horizontale du travail • Individualisation des tâches	• Polyvalence par *élargissement des tâches* • Travail en équipe	• ERH, approche sociotechnique, école japonaise, entreprises libérées, holacratie
• Division verticale du travail • Hiérarchie séparant nettement conception/exécution	• Polyvalence par *enrichissement des tâches* • Décentralisation des décisions selon un principe de subsidiarité rapprochant conception/exécution	• ERH, approche sociotechnique, école japonaise, entreprises libérées et opale
• Organisation du travail encadrée par des procédures standards imposées	• Auto-organisation du travail par des équipes de taille restreinte	• Approche sociotechnique, entreprises libérées, holacratie, agilité
• Management de commandement consistant à contrôler et sanctionner	• Management consistant à animer et soutenir	• ERH, approche sociotechnique, entreprises libérées, holacratie, agilité
• Communication uniquement descendante et faible entre les travailleurs	• Communication encouragée à tous les niveaux : descendante, ascendante, horizontale, y compris dans des espaces de délibération dédiés	• ERH, école japonaise, holacratie, entreprise délibérée
> organisation rigide basée sur la hiérarchie et la bureaucratie (métaphore de l'orchestre)	> organisation souple basée sur l'auto-organisation (métaphore du groupe de jazz)	

Il ne faudrait pas pour autant déduire de ce tronc commun qu'un nouveau *one best way* est à l'œuvre. Le caractère décentralisé des « nouveaux » modèles permet justement de développer une multitude de pratiques en fonction du contexte et de la culture propres à chaque entreprise, voire à chaque division ou service pour les entreprises de grande taille. Si l'archétype mécaniste semble immanquablement tendre vers une forme opérationnelle unique, les notions communes aux NMMO sont suffisamment modulables pour permettre à chaque organisation d'expérimenter et de sélectionner des formes opérationnelles qui lui sont propres et qui respectent ses spécificités culturelles, ouvrant ainsi la voie à une adaptation permanente de l'organisation. C'est en cela que réside fondamentalement le changement de paradigme organisationnel ouvert par les NMMO.

CHAPITRE 2

Un contexte porteur pour les NMMO

Si les NMMO suscitent un nouvel engouement à partir des années 2000, c'est que le contexte économique, culturel, technique et épistémologique dans lequel s'inscrit l'action des entreprises a profondément changé. L'organisation du travail est ainsi revisitée à la lumière de courants anciens, redécouverts ou adaptés parce qu'ils correspondent à la prise de conscience qu'il faut pour répondre à de nouveaux besoins. Une innovation étant, au sens d'Everett Rogers (1995), « une idée, une pratique ou un objet perçu comme nouveau par les individus ou les organisations », on comprend que « plus que la radicalité intrinsèque de l'innovation managériale, [c'est] la perception des acteurs en contexte qui conditionne largement l'accueil qui lui est réservé » (Le Roy *et al.*, 2013). Ainsi ce ne seraient pas tant les conceptions organisationnelles et managériales qui seraient intrinsèquement nouvelles que l'intérêt qu'on leur porte *par nécessité*.

Le contexte socio-économique : le monde VICA

Dans le sillage des chocs pétroliers des années 1970 et des restructurations industrielles des années 1980, des formes organisationnelles souples, flexibles, légères et modulaires semblent de plus en plus plébiscitées, à la faveur d'une inflexion macro-économique de grande ampleur. À l'âge industriel se substituerait en effet, selon de nombreux observateurs, un âge « postindustriel », aussi appelé société de l'information, de la communication, de la connaissance ou encore du savoir : l'activité productive n'est plus principalement basée sur l'exploitation de matières premières à l'aide de la force physique, mais sur des facteurs plus immatériels tels que l'information, la communication et le savoir exploités à l'aide de l'intelligence. Les aptitudes cognitives et l'intensité des échanges de savoirs prennent le pas sur la force physique et les compétences exclusivement techniques.

Les organisations doivent donc s'adapter à « un environnement économique où la réactivité, la flexibilité, la capacité d'innover – pour reprendre quelques-uns de ces termes si couramment invoqués – sont les nouveaux mots d'ordre » (Mariotti, 2005). Comme le soulignent Ariane-Hélène Fortin et Alain Rondeau (2014), « les méthodes de gestion traditionnelles fondées sur la division fonctionnelle du travail, l'autorité hiérarchique et les structures cloisonnées apparaissent limitées pour faire face à plusieurs défis contemporains d'adaptabilité et de performance exigées dans la gestion de systèmes complexes ».

Cette rupture de contexte est fréquemment désignée par l'acronyme VICA : des variations violentes et soudaines (volatil), des prévisions de plus en plus difficiles à tenir (incertain), un fort niveau d'interdépendance (complexe), une multitude d'interprétations possibles (ambigu). La conjonction de crises de différentes natures (financière, sanitaire, énergétique, climatique, géopolitique) révèle un contexte d'incertitude radicale, rendant de plus en plus difficile toute planification fiable de l'action.

Bien avant la popularisation de cet acronyme, on trouve trace dès les années 1960 de cette conception de l'environnement économique, avec le courant de la *contingence organisationnelle* qui mettait en évidence l'influence des facteurs externes sur la structure interne des entreprises. Les travaux précurseurs de Tom Burns et Georges M. Stalker (1961) avaient déjà montré que la forme organisationnelle d'une entreprise dépend de l'incertitude et de la complexité de son environnement (technologies, marchés, etc.). À partir de l'analyse de vingt firmes industrielles de secteurs variés en Grande-Bretagne, ces deux auteurs avaient distingué deux types d'organisation : les structures mécanistes et les structures organiques (voir figure 2.1).

Les structures *mécanistes* sont adaptées à des environnements stables où les changements sont réguliers et de peu d'importance à chaque fois. Dans ces entreprises, le travail est rationalisé, spécialisé et standardisé, et la forme organisationnelle est donc centralisée et hiérarchisée.

Les structures *organiques* sont liées à des environnements instables, marqués par des innovations de rupture importantes générant de l'incertitude. Ces organisations ont besoin d'être flexibles, le travail y est donc faiblement spécialisé et standardisé pour pouvoir s'adapter aux aléas ; la forme organisationnelle est beaucoup plus décentralisée pour que les décisions puissent se prendre là où se trouvent les compétences et l'action collective.

Il semble que l'environnement soit aujourd'hui devenu instable pour une immense majorité des acteurs économiques. Cela ne concerne plus seulement quelques entreprises technologiques d'avant-garde, comme à l'époque des travaux de Burns et

Figure 2.1 – Modes de gestion mécaniste et organique

Dimensions de la structure	Mode mécaniste	Mode organique
Responsabilité de coordination des tâches	Responsable hiérarchique	Chaque individu
Degré de définition des responsabilités, tâches et pouvoir	Définition précise et formelle	Définition peu formelle
Interaction avec le management	Relations hiérarchiques verticales	Relations hiérarchiques aussi bien latérales que verticales
Chaîne de commandement	Autorité hiérarchique	Consultation latérale
Dépositaire de la connaissance	Haute direction, sommet de la hiérarchie	Connaissance partagée et diffuse

Source : Plane, Jean-Michel (2003).

Stalker, mais tous les secteurs d'activité, y compris les plus traditionnels comme l'hôtellerie ou les transports, bousculés par de nouveaux acteurs sachant tirer parti du numérique du type Airbnb, Uber ou Blablacar. Toutefois, il subsiste très souvent dans les organisations, en particulier les plus grandes, des activités qui restent fortement processées (culture de l'exploitation), tandis que d'autres laissent davantage de place à l'auto-organisation (culture de l'exploration).

Le contexte socioculturel : les aspirations de la génération Z (et des autres)

Pour expliquer ce nouvel engouement pour des modes de management et d'organisation alternatifs, le discours ambiant met aussi en avant des effets générationnels. La génération Z[5] serait avide d'un nouveau rapport au travail et à l'entreprise.

Ces formes de généralisations essentialistes (« les jeunes », « les Français », etc.) doivent évidemment être considérées avec la plus grande prudence. Les jeunes sont loin de représenter une catégorie

5. Génération des personnes nées entre 1997 et 2010.

homogène (Attias-Donfut et Segalen, 2020), et de multiples facteurs influencent leur rapport au travail : le niveau de diplôme (enquête SoManyWays, 2019-2021), le secteur d'activité (Coutrot et Perez, 2021), les conditions socioéconomiques qui en découlent ainsi que le lieu de résidence (ville/campagne) (Amiel, 2021), le contexte organisationnel spécifique à l'entreprise dans laquelle on officie (Coutrot, et Perez, 2021), et également des facteurs plus subjectifs (traits de personnalités et expériences antérieures de travail plus ou moins positives) (*Ibid.*). Une diversité de situations qui explique certainement l'ambivalence des caractéristiques attribuées aux « nouvelles générations » : besoin de répondre avant tout à des besoins matériels ou au contraire priorité donnée à l'épanouissement et à l'expression de soi ? Relégation du travail derrière les amis, la famille et les loisirs (quand il ne s'agit pas de s'en détourner complètement) ou au contraire investissement intense dans son emploi et sa carrière (Meda et Vendramin, 2010) ?

Il n'en reste pas moins que les « jeunes » renvoient à une classe d'âge qui rencontre de nombreuses difficultés pour s'insérer dans l'emploi, particulièrement en France (Amiel, 2021), et qui, de ce fait, interroge la place du travail dans sa vie.

Les enquêtes menées par Michel Dalmas (2019) sur les aspirations de cette nouvelle génération permettent de distinguer quatre caractéristiques qui lui seraient propres : l'importance des relations de travail fondées sur l'équité, le respect et la confiance ; la possibilité de réaliser un travail de qualité ; la volonté de travailler de manière collaborative ; l'attrait pour l'action et l'innovation avec une certaine forme de prise de risque.

Ces caractéristiques résonnent fortement avec les discours sur les « nouveaux » modes de management et d'organisation. On peut cependant s'interroger sur ce qui distingue fondamentalement ces aspirations de celles que portait en son temps la « génération 68 » (Louart, 1996). N'était-il pas déjà question de briser les carcans et les relations traditionnelles en entreprise pour faire du travail un vecteur d'épanouissement personnel et collectif ? On serait alors face à des aspirations caractéristiques non d'une génération particulière mais d'une classe d'âge à l'approche de l'entrée dans la vie active ou au début de celle-ci, étape par laquelle passeraient successivement toutes les générations depuis les années 1960[6].

Ainsi, plusieurs enquêtes indiquent que « les valeurs qu'expriment les nouvelles générations reflètent souvent, sur une

6. Rappelons qu'avant cette date, « les jeunes » ne sont pas considérés comme une catégorie sociologique spécifique.

tonalité plus affirmée, celles de la société toute entière. Les travaux sur l'évolution des valeurs, dans la lignée des enquêtes du sociologue américain Ronald Inglehart (1993, 2018), montrent que depuis les années 1970, on observe un rapprochement des opinions entre les générations sous l'égide de la montée des valeurs postmatérialistes» (Dagnaud, 2021). Les générations X[7], Y[8] et Z se rejoindraient ainsi sur trois critères indispensables pour se sentir bien au travail : une bonne ambiance de travail; pouvoir apprendre et développer de nouvelles compétences; pouvoir proposer des idées et des solutions. Ces générations s'accordent également sur ce qu'elles souhaitent éviter dans le travail : un manque d'éthique de leur entreprise et un chef qui micro-manage (enquête SoManyWays, 2019-2021). Autant de critères et de valeurs qui résonnent fortement avec ceux mis en lumière par les enquêtes de Dalmas, signalées précédemment, et pourtant présentés comme spécifiques à la génération Z. Comment comprendre et dépasser cette apparente contradiction ?

Il faut ici relever que la pandémie de Covid-19 est venue secouer cette belle concordance intergénérationnelle. Les jeunes de la génération Z, majoritairement encore en études ou en début d'insertion dans l'emploi, semblent avoir payé un lourd tribut à la crise, au point d'être qualifiés de « génération sacrifiée » (Attias-Donfut et Segalen, 2020). La crise sanitaire a fortement pesé sur le moral des jeunes au regard des autres classes d'âge (Dagnaud, 2021 ; Institut Montaigne, 2022). Or, « la question des conditions d'entrée dans la vie active des différentes générations constitue un élément déterminant dans la mesure où elles déterminent largement l'ensemble de la trajectoire par un "effet de scarification" » (Meda et Vendramin, 2010). En ce sens, « une génération n'est pas seulement un groupe d'âge ; c'est une cohorte qui porte aussi les marques des mutations culturelles, économiques, sociales, technologiques, voire historiques » (Meda et Vendramin, 2010) propres à son époque. Parmi lesquelles il faut inclure aujourd'hui les mutations climatiques à l'origine d'une urgence environnementale anxiogène, ainsi qu'à l'heure où nous écrivons le retour de la guerre en Europe. Si depuis les années 1970, il était de plus en plus difficile de voir dans « les jeunes » une catégorie homogène disposant d'une identité générationnelle particulière, différente des précédentes, les crises climatiques, sanitaires et géopolitiques propres au XXIe siècle pourraient avoir changé la donne.

Ce contexte difficile n'engendre pas seulement de l'inquiétude ou de la désespérance, il débouche également sur de

7. Personnes nées entre 1960 et 1977.

8. Personnes nées entre 1978 et 1996, aussi nommées « milleniaux » (de l'anglais millenials).

nouvelles aspirations. La crise sanitaire qui a contraint à un certain « enfermement » du fait des confinements et des mesures de distanciation a aussi été marquée en retour « par un foisonnement de projets et d'idées nouvelles, par une soif d'entreprendre ou d'agir à son échelle en faveur du bien commun, par l'accélération de transitions professionnelles – en un mot par un bouillonnement à l'échelle individuelle qui présente un net contraste avec la perception d'un marasme global » (Amiel, 2021). Un phénomène qui ne concerne pas uniquement les jeunes et ne date pas de 2020, mais qui semble tout de même avoir été renforcé par la crise pandémique.

Cette situation a évidemment des conséquences importantes sur la perception du travail et des entreprises, qui se cristallisent à travers deux expressions fortement médiatisées : « la grande démission » et « la quête de sens ».

Avant la crise sanitaire, la France connaissait déjà une inadéquation structurelle entre l'offre des entreprises et les qualifications des salariés, engendrant des difficultés de recrutement et des métiers en tension. À cette situation ancienne s'ajoutent aujourd'hui des phénomènes de remise en cause du rapport au travail, en raison de niveaux de rémunération jugés trop faibles, de conditions de travail ressenties comme pénibles et parfois d'absence de sens dans le travail proposé. Un rapport de la Dares (Coutrot et Perez, 2021), tente de clarifier le concept de « quête de sens » à partir de multiples travaux en sciences de gestion, sociologie, psychologie et psycho-dynamique du travail, et en distingue trois dimensions constitutives.

Deux dimensions sont tournées vers le pouvoir d'agir du travailleur sur le monde : le sentiment d'utilité sociale et la cohérence éthique de son action avec ses propres valeurs. Si cette aspiration est partagée par tous les salariés, la génération Z semble la plus attentive à cet aspect : l'utilité sociale du travail est un « prérequis absolu » pour plus de la moitié des étudiants et des diplômés (enquête BCG, CGE et Ipsos, 2021), tandis que 86 % des 18-24 ans se déclarent prêts à gagner moins pour avoir un travail plus conforme à leurs valeurs (contre 79 % des 25-39 ans et 73 % des 55 ans et plus) (Dagnaud, 2021). En la matière, les vingtenaires se fixent deux grands défis : le « sauvetage de la planète », ainsi que la lutte contre la précarité et les inégalités (Attias-Donfut et Segalen, 2020). Les valeurs qu'ils défendent sont donc orientées prioritairement vers les problématiques environnementales et sociales (enquête Fondation Jean-Jaurès, Macif et BVA, 2021) et ils nourrissent sur ce plan de fortes attentes envers les entreprises. Aussi se révèlent-ils très critiques à l'égard des politiques RSE des grandes entreprises, assimilées à des discours marketing perçus comme peu sincères (enquête BCG, CGE et Ipsos, 2021) au point que le concept de responsabilité « volontaire » semble aujourd'hui totalement discrédité.

Cependant, le travail ne transforme pas seulement le monde mais aussi le travailleur lui-même. À ces deux dimensions extrinsèques s'ajoute une troisième dimension intrinsèque : la possibilité de s'épanouir et de s'accomplir. Il est ici attendu que le travail vienne « augmenter les pouvoirs d'action, de perception et de sensibilité de la personne » (Dejours *et al.*, 2018). Et comme le souligne le rapport de la Dares en s'appuyant sur les travaux de Christophe Dejours, « l'organisation du travail est déterminante pour que celui-ci ait du sens : "le niveau de compétence requis pour le poste, les différentes capacités qui doivent y être exercées, le potentiel de développement de ces capacités et l'acquisition de nouvelles compétences par le travail, la possibilité de développement personnel, d'expression de soi, et l'exercice de son pouvoir de jugement, tous ces éléments contribuent à la qualité du travail d'une manière qui le rend plus ou moins signifiant (*meaningful*) ou épanouissant pour le travailleur" ». L'intérêt pour l'activité en elle-même (au-delà de son résultat) devient une valeur cardinale au point d'espérer faire de son travail une « passion ». Ici encore, cette aspiration est partagée par nombre de salariés mais elle est plus marquée chez les jeunes : 42 % des 18-24 ans font ainsi du « travail par passion » leur premier critère pour choisir un poste, contre 33 % pour leurs parents (Institut Montaigne, 2022).

Agir positivement sur le monde en se sentant utile aux autres sans violer ses valeurs morales et professionnelles, tout en agissant positivement sur soi par le développement de ses capacités : telles seraient donc les dimensions du « sens du travail ». Et, lorsque celui-ci fait défaut, les risques de départ[9] ou de désengagement sont grands, comme le souligne le rapport de la Dares, révélant ainsi l'articulation entre « quête de sens » et phénomène de « grande démission ». Parmi les dimensions constitutives du sens au travail, c'est la troisième, relative au « sentiment de ne pas apprendre de choses nouvelles dans son travail et de ne pas pouvoir y développer ses compétences, qui contribue le plus à expliquer la mobilité professionnelle » (Coutrot et Perez, 2021). Le rapport souligne cependant qu'entre 2013 et 2016 la plupart des salariés souffrant d'un déficit de sens dans leur travail (dans sa triple dimension) restaient dans leur emploi, entraînant en retour « une augmentation significative du nombre de jours d'absence pour maladie ». Il semble que la donne ait changé depuis la crise sanitaire du fait d'un rapport de force plus favorable aux salariés (mais qui pourrait ne pas durer), transformant les problématiques de l'attraction et

9. Parmi les raisons de quitter son entreprise, le manque de sens du travail apparaît aussi important que l'intensité du travail et davantage que les autres facteurs de risques psychosociaux.

de la rétention en un véritable défi qui ne pourra se résoudre par des discours superficiels sur la « marque employeur ». La situation nécessite au contraire de revoir en profondeur non seulement l'organisation du travail et le management des salariés dans le sens de la qualité du travail (et pas seulement de la qualité de vie au travail, ou QVT), mais également la gouvernance des entreprises. Autant d'enjeux auxquels cherchent à répondre les NMMO.

Le contexte sociotechnique : les NTIC

Le développement des nouvelles technologies de l'information et de la communication (NTIC) s'accompagne d'un imaginaire particulier, favorisant un renouvellement de la conception des organisations.

Des utopies stimulantes à la dystopie numérique

La première techno-utopie émerge dès la naissance de l'informatique, dans les années 1940, avec la cybernétique de Norbert Wiener (1894-1964). Alors que les grands calculateurs laissent place aux premiers ordinateurs, cette nouvelle discipline propose de placer l'information au cœur des processus d'organisation et de régulation. Le terme de « cybernétique » s'inspire en effet du grec *kubernêtikê*, qui signifie « gouvernail », et plus largement « gouverner » : la clé de cette nouvelle science du gouvernement se trouve précisément dans l'information, pierre angulaire d'une société transparente, rationnelle et juste, grâce à la libre circulation des données permises par les technologies de l'information. Wiener propose une société décentralisée capable de s'autoréguler grâce aux NTIC (Breton, 2000), à la fois « plus "égalitaire", plus "démocratique" et plus "prospère" » (Breton, 1995 ; Breton et Proulx, 2002). La cybernétique va connaître un fort engouement et continue aujourd'hui d'influencer profondément notre conception des technologies informatiques. L'idéal cybernétique se retrouve en effet quasiment mot pour mot en 2003, lors du Sommet mondial de la société de l'information (SMSI) de Genève où les NTIC sont présentées comme « propice[s] à l'instauration d'un monde plus pacifique, plus juste et plus prospère »[10].

Dans la décennie suivante, les premières expérimentations d'ordinateurs en réseau émergent avec le projet militaire Arpanet[11] (1966-1972), dont le développement sera confié à des universitaires de la côte ouest des États-Unis (UCLA, Stanford, Université de Californie de à Santa Barbara,

10. Déclaration de principes du SMSI de Genève. Retranscrite dans Mathien, M. (2005).
11. Advanced Research Projects Agency Network.

Université de l'Utah). Ce lieu de naissance aura une influence non négligeable sur l'esprit du projet. Premièrement, l'une des caractéristiques du milieu universitaire est de se reconnaître comme une communauté d'experts composée de pairs égaux. Deuxièmement, la côte Ouest est marquée à cette époque par la contre-culture et la génération hippie dont les aspirations anticonformistes et antiautoritaires interrogent le reste de la société. De ce cocktail détonant va naître un imaginaire technique utopique, aux antipodes du projet militaire initial. En effet, « les pères fondateurs d'Internet n'imaginaient pas seulement un réseau de coopération et d'échange entre les machines et entre les hommes, mais aussi l'accès à un savoir universel » (Flichy, 2001). Pour ce faire, ils vont orienter l'architecture du réseau vers une logique de décentralisation et d'auto-organisation maximale – des caractéristiques qui assureront la suprématie du réseau américain sur le Minitel français beaucoup plus centralisé. On retrouve ici parfaitement l'opposition entre le modèle mécaniste et les nouveaux modes de management et d'organisation, transposée au système informatique.

Du fait de ces caractéristiques, ces nouvelles technologies vont se diffuser rapidement dans la société par le truchement d'un segment social particulier : les « hackers ». Ce terme fait de nos jours l'objet de multiples incompréhensions l'assimilant à la figure du pirate. Si *to hack into* signifie effectivement « entrer par effraction », le terme argotique *hack* renvoie plus globalement au fait de « bidouiller » pour résoudre des problèmes de manière ingénieuse sans nécessairement passer par des procédures conventionnelles. Ils vont ainsi rapidement s'emparer des premiers ordinateurs en kit et développer des programmes pour les mettre en communication. Parallèlement aux universitaires, ils lancent leurs propres forums.

Ce segment social est lui aussi marqué par une culture particulière : la réputation y est basée sur la reconnaissance par les pairs de compétences pointues et la liberté y est une valeur cardinale, à l'instar des universitaires. À la différence de ces derniers cependant, les hackers se veulent autonomes vis-à-vis des institutions : ils agissent par plaisir et souvent de manière bénévole – l'activité informatique n'étant pas perçue comme un travail mais comme une passion souvent obsessionnelle. L'« éthique hacker » (Himanen, 2001) participe ainsi d'une profonde transformation du rapport au travail et à l'organisation, qui semble aujourd'hui se répandre dans les nouvelles générations.

Avec la diffusion du réseau, les années 1990 voient émerger la figure de l'entrepreneur numérique, notamment dans la Silicon Valley. Ces entrepreneurs sont avant tout animés par l'innovation, l'audace, l'ego et le travail obsessionnel, bien plus que par l'argent (tout du moins initialement). À la fin de la décennie, un basculement s'opère toutefois avec les investissements massifs opérés par les *venture capitalists* et l'envolée des valeurs boursières liées à la «net économie». L'éclatement de la bulle Internet en mars 2000 ne sera qu'une péripétie dans cette trajectoire.

À partir des années 2000, les technologies numériques vont osciller entre deux pôles : financiarisation à outrance et projet social alternatif tourné vers la décentralisation. Ce dernier sera ravivé par l'arrivée du Web 2.0, dit aussi web participatif, qui renvoie à de nouvelles interfaces permettant aux internautes ayant peu de connaissances techniques de créer leurs propres contenus numériques (blogs, wikis, réseaux sociaux). Un mouvement qui paraît aujourd'hui se prolonger avec les technologies no code (Canivenc, 2022), promettant cette fois-ci à chacun de pouvoir développer ses propres produits logiciels (sites web, applications, chatbots, outils d'automatisation) sans aucune connaissance en langage informatique.

Cependant depuis les années 2010 et la montée irréductible de la puissance des Gafam et consorts, le Flower Power a définitivement cédé la place à Big Brother. Les discours idylliques sont remplacés par une vision dystopique de ces organisations technologiques (surtout en Europe, mais pas seulement). Des lanceurs d'alerte ou des «repentis» issus des plus grandes entreprises du numérique s'expriment sur les dérives et les risques à l'œuvre[12]. Comme le remarque Marc Chevallier (2006), «loin de favoriser une "désintermédiation" générale [...], Internet a surtout favorisé l'émergence de nouveaux intermédiaires géants». C'est désormais une vision alarmiste qui domine, associant les nouvelles technologies à une centralisation excessive du pouvoir (économique, financier, technologique, voire politique) dans les mains des Big Tech, à la manipulation des consommateurs-citoyens, à la surveillance généralisée, à la destruction du lien social et de la démocratie...

C'est ce qui explique, en réaction, la montée d'un nouveau discours utopiste au cœur de la conception du Web 3.0 – comme un éternel retour du même. Si le terme fait débat du fait de son caractère marketing et du flou dont pâtit encore sa définition, le Web 3.0 répondrait à l'idée que les plateformes en ligne sont aujourd'hui trop centralisées et contrôlées par une poignée de grandes sociétés comme Amazon, Apple, Alphabet, Meta et Microsoft. Ces entreprises ont amassé d'immenses quantités de données personnelles et de contenus sans que les utilisateurs en aient véritablement le contrôle. L'idée serait donc de redonner du pouvoir aux internautes en créant un web «décentralisé» à partir des technologies dites blockchain, où les usagers peuvent «transporter» leurs données

12. Voir, par exemple, le documentaire *The Social Dilemma* (Derrière nos écrans de fumée en français) (2020).

d'un service à l'autre. Se rejouerait ainsi un grand classique du logiciel et du web depuis leur origine : la lutte entre une vision libertaire et une vision marchande, capitaliste et de contrôle.

In fine, on constate que l'imaginaire lié aux technologies numériques recoupe, depuis l'origine et en de nombreux points, les caractéristiques attribuées aux nouveaux modes de management et d'organisation : décentralisation, auto-organisation, collaboration, motivation intrinsèque et raison d'être extra-économique, sont quelques-uns de leurs points communs. Certains espèrent ainsi encore que la diffusion du numérique entraînera l'inéluctable développement « de nouveaux modèles forts de production, modèles qui prennent davantage appui sur le groupe, la collaboration et l'auto-organisation que sur la hiérarchie et l'autorité » (Tapscott et Williams, 2007), donnant ainsi naissance à un nouveau régime sociotechnique.

S'affranchir de l'espace-temps : l'entreprise réseau

Outre la stimulation que représente l'imaginaire numérique pour les NMMO, les NTIC permettent également d'envisager de nouvelles façons de travailler affranchies de l'espace-temps, dont le travail à distance (Canivenc et Cahier, 2021) à large échelle est l'une des manifestations les plus récentes.

Cependant, les outils numériques ne suffisent pas à eux seuls à implanter ces nouvelles formes de travail. Il aura, en effet, fallu une pandémie mondiale pour forcer la banalisation du télétravail, pourtant techniquement possible depuis longtemps. Les freins managériaux et organisationnels restent tenaces. Par ailleurs, durant cette expérimentation inédite du travail à distance, nombre d'entreprises se sont contentées de plaquer les fonctionnements propres au travail sur site dans le monde virtuel, en remplaçant par exemple les réunions physiques par des visioconférences. Au-delà des processus organisationnels, les postures managériales ont certes été profondément interrogées mais rarement bouleversées : le télétravail n'a souvent fait que renforcer les pratiques préexistantes, qu'elles fussent fondées sur la confiance ou sur la surveillance (qui peut d'ailleurs être facilitée par les NTIC). Les technologies de la communication, aussi développées soient-elles, n'ont pas le pouvoir intrinsèque de transformer les pratiques organisationnelles et managériales. La relation entre ces variables est plutôt à lire en sens inverse : ce sont les nouvelles pratiques organisationnelles et managériales qui permettront d'accueillir les nouvelles formes de travail permises par les NTIC, comme le travail à distance.

Au-delà des pratiques de travail, les NTIC ouvrent également des possibilités organisationnelles inédites : émerge ainsi la figure de l'entreprise-réseau[13] (Rorive, 2005) comme nouvelle modalité d'organisation conduisant à un effacement des frontières physiques et temporelles de la firme. Celles-ci deviennent en effet perméables, mouvantes et contingentes comme l'explique Thierry Kirat (1994) : « L'idée semble en effet s'imposer, selon laquelle l'ère de la production de masse étant révolue, le modèle "taylorien-fordien" laisse la place à des formes d'organisation plus flexibles, plus interactives et intégrées à leur environnement. Dans ce contexte, les frontières de la firme s'estompent, aussi bien à l'intérieur (dans les cloisonnements entre divisions fonctionnelles, entre niveaux hiérarchiques) qu'à l'extérieur (mise en réseau des firmes, pratique du flux tendu...). Cette gestion des interrelations fait donc apparaître clairement la nécessité du façonnage de "nouvelles frontières" désormais plus invisibles et psychologiques que visibles et formalisées ». Ainsi, si la notion de frontière perdure, elle ne doit plus prendre le sens de « limite », de « fermeture », mais bien plutôt de « point d'ancrage des relations qu'elle instaure avec son environnement » (Amblard *et al.*, 2005). Christophe Assens (2003) présente le « réseau » comme un « outil pour transformer les organisations trop rigides comportant des organigrammes figés et des intermédiaires hiérarchiques pléthoriques en introduisant une répartition plus souple des responsabilités et des fonctions, à partir du jeu relationnel qui anime spontanément et de façon informelle les acteurs et les centres de décision ». La lecture qu'en propose Fabien Mariotti (2005) est beaucoup plus critique. Cet auteur interprète l'émergence du réseau comme une « nouvelle utopie managériale » qui puiserait autant dans l'idéal réticulaire informatique (qu'il présente comme une « construction utopique connexe ») que dans celui des nouvelles théories auto-organisationnelles issues des sciences dures (s'inspirant notamment « des sociétés d'insectes qui réalisent des tâches complexes sans pour autant nécessiter d'importants efforts de coordination ni pâtir d'inertie »).

Ces considérations pour le moins mitigées nous invitent à examiner en profondeur le bouleversement épistémologique plus global que représente la pensée complexe.

13. Les entreprises travaillant avec des sous-traitants ou des fournisseurs sont par exemple des entreprises-réseau, qui signent un mouvement inverse à l'intégration verticale des organisations mécanistes (où il s'agissait d'intégrer toutes les activités pour devenir le plus gros possible et dominer le marché). Cette méta-forme organisationnelle est cependant loin d'être stabilisée et se décline de manière très hétérogène.

Le contexte épistémologique : la pensée complexe

Au cours du xxe siècle, le paradigme qui gouvernait jusque-là la science et le corps social commence à apparaître comme de plus en plus simpliste et daté. Edgar Morin (1991) le résume par la maxime « “diviser pour régner”. La formule est celle de Machiavel pour dominer la cité, de Descartes pour maîtriser la difficulté intellectuelle et de Taylor pour régir les opérations du travailleur dans l'entreprise. [...] Le paradigme d'Occident règne en divisant ! ». Progressivement, ce paradigme cartésien se fissure, annonçant une révolution scientifique[14] : « En physique, biologie, sociologie, il apparaît de plus en plus nettement que l'organisation n'est pas réductible à l'ordre et doit trouver ses principes propres ; plus encore, on commence à comprendre que l'organisation vivante et l'organisation anthropo-sociale posent les problèmes fondamentaux d'une science de l'autonomie et d'une théorie de l'auto-organisation » (Morin, 1981).

Toutefois, le paradigme précédent apparaît d'une telle cohérence, voire d'une telle emprise, qu'il est très difficile à déloger. Comme le soulignent Jean-Louis Le Moigne et Pascal Vidal (2000) en s'inspirant du discours du prix Nobel d'Herbert Simon (1978) : « Aussi longtemps que nous ne disposons pas d'un paradigme de référence alternatif, [...] nous pratiquons le précédent, aussi inadapté qu'il nous apparaisse en pratique ». Une situation qui explique la prégnance souterraine du modèle mécaniste en entreprise et la difficulté globale à modifier les pratiques.

À la fin du xxe siècle, Morin entreprend de préciser les contours de ce nouveau paradigme en émergence[15]. La *pensée complexe* a pour ambition de proposer une méthode qui « détecte et non pas occulte les liaisons, articulations, solidarités, implications, imbrications, interdépendances » (Morin, 1977) des divers éléments entrelacés, qu'ils soient bio-physico-chimiques ou anthropo-sociaux. Le terme de complexité n'a pas été choisi au hasard : « “plexus” (entrelacement) vient de “plexere” (tresser). Le complexe – ce qui est tressé ensemble – constitue un tissu étroitement uni bien que les fils qui le constituent soient extrêmement divers » (Morin, 1980).

---

14. Nous pouvons ici citer, entres autres, la physique avec les structures dissipatives de Prigogine, la météorologie avec la théorie du chaos d'Edward Lorenz, les sciences cognitives avec l'autopoïèse de Francisco Varela.

15. Un travail titanesque qui donnera naissance aux six volumes de *La Méthode* (en clin d'œil au *Discours de la méthode* de Descartes) et qu'il synthétisera au début des années 1990 dans un court ouvrage de vulgarisation intitulé *Introduction à la pensée complexe*, Seuil, 1990.

Morin introduit ainsi à une pensée dialogique tentant de comprendre les relations antagonistes et également complémentaires que peuvent entretenir les termes d'un couple binaire. Par exemple : ordre/désordre, autonomie/interdépendance, unité/diversité, ouverture/fermeture, etc. Le défi de la pensée complexe va consister à associer sans incohérence ces idées réputées antinomiques.

Pour illustrer ces interrelations, prenons l'exemple du couple « autonomie/interdépendance » : Morin nous dit que l'interdépendance ne limite en rien l'autonomie, elle peut au contraire en être le garant. Il n'y a d'ailleurs pas « d'autonomie vivante qui ne soit dépendante. Ce qui produit l'autonomie produit la dépendance qui produit l'autonomie » (Morin, 2001). Et il en fournit un exemple : « L'indépendance d'un être vivant nécessite sa dépendance à l'égard de son environnement » (Morin, 1977). L'autonomie doit donc toujours être conçue non en opposition mais en complémentarité de la dépendance.

Dans la même veine, l'approche des phénomènes organisationnels à laquelle nous convie la pensée complexe encourage à repenser la hiérarchie et la spécialisation des fonctions pour penser les systèmes organisationnels *comme étant à la fois hiérarchiques, acentriques et polycentriques*. Hiérarchie et spécialisation offrent l'avantage de la précision et de l'efficacité, mais elles se paient en retour par une « perte de qualités » au niveau des parties. À survaloriser la hiérarchie et la spécialisation des fonctions de l'organisation, on risque ainsi de la rendre inapte à faire face aux « aléas, concurrences, antagonismes intrinsèquement présents dans toute organisation vivante » (Morin, 1980). En contrepoint, sont également soulignés les avantages et limites d'une organisation totalement acentrique et déspécialisée : « L'organisation polycentrique permet de localiser ou noyer l'erreur, mais il lui est plus difficile qu'à la grosse tête d'élaborer une stratégie. Une organisation acentrique vit et grouille d'erreurs qui s'entrannulent, mais ne saurait élaborer une stratégie de comportement sinon par multiplication de réponses myopes à l'événement. »

Une fois faite cette mise au point sur les avantages et lacunes respectifs des organisations hiérarchiques/spécialisées et ahiérarchiques/déspécialisées, tout l'enjeu consiste à appréhender les systèmes organisationnels de manière dialogique pour penser la complémentarité de ces notions antagonistes. S'appuyant sur une analyse fine des processus organisationnels biologiques, Morin propose à la réflexion l'exemple des cellules. Les cellules offrent en effet l'exemple parfait de systèmes à la fois déspécialisés et spécialisés. Chacune des cellules assurant une fonction propre, elles semblent en apparence fortement spécialisées. En réalité, chacune porte en elle la possibilité de se déspécialiser pour faire face aux aléas : « La cellule la plus limitée ou la plus cantonnée dans sa spécialisation est détentrice du patrimoine génétique de l'ensemble de l'organisme, et serait en principe capable de reproduire cet organisme. » Les cellules illustrent ainsi parfaitement le principe systémique selon lequel le tout est inscrit dans chacune des parties qui s'inscrivent elles-mêmes dans un tout. Les cellules nous montrent donc que « la spécialisation, au sein d'une organisation vivante, n'est qu'un aspect d'une complexité organisationnelle où l'être spécialisé dispose de qualités non spécialisées. Or, ces qualités non spécialisées sont aussi indispensables que les qualités spécialisées à l'existence du tout ».

Dans le même esprit, il montre que toute hiérarchie nécessite « une composante anarchique ». Dans la pensée complexe, « l'anarchie, ce n'est pas la non organisation, c'est l'organisation qui s'effectue à partir des associations/interactions synergiques d'êtres computants, sans qu'il y ait besoin pour cela de commande ou contrôle émanant d'un niveau supérieur. C'est ainsi que se constituent les éco-organisations » (Morin, 1980).

La pensée complexe d'Edgar Morin semble à bien des égards nous mettre sur la piste d'un renouvellement profond des conceptions susceptibles de guider les phénomènes organisationnels et les logiques d'action propices au déploiement des NMMO. Inversement, elle met aussi en garde contre les approches qui figent et sclérosent, car « la "bonne" révolution ne peut être que révolution permanente » (Morin, 1980).

CHAPITRE 3

Innovation ou effet de mode ?

De nombreux facteurs contextuels recensés au chapitre 2 expliquent le regain d'intérêt des entreprises pour les NMMO. Ce constat n'écarte cependant pas une question légitime : l'engouement actuel pourrait-il n'être qu'une mode ?

Qu'est-ce qu'une mode en gestion ?

Hélène Giroux (2007) distingue plusieurs critères pour identifier une mode en gestion.

1. Il doit exister un objet de mode précis, c'est-à-dire une méthode de gestion qui se présente comme un moyen moderne et rationnel d'obtenir de meilleurs résultats que les autres. Telle est bien l'ambition historique des NMMO face aux limites du modèle mécaniste.

2. L'intérêt, si ce n'est l'engouement, pour cette méthode fait l'objet d'une propagation rapide dans les entreprises, avec le concours de multiples acteurs qui en tirent profit : médias, associations professionnelles et consultants, mais également chercheurs, écoles de gestion et parfois les pouvoirs publics[16]. L'effort combiné de l'ensemble de ces acteurs offre dès lors une puissante force de frappe. Le lean (en lien avec la compétitivité industrielle) et l'agilité ensuite (avec la Start-up nation) en ont pleinement bénéficié. C'est moins

16. Giroux cite ainsi « les auteurs à succès et les maisons d'édition, qui voient leurs ventes augmenter ; les journaux et les magazines d'affaires, toujours en quête de nouveauté ; les associations professionnelles, dans la mesure où elles parviennent à raccrocher l'expertise de leurs membres aux concepts à la mode ; les milieux universitaires, qui y trouvent non seulement un nouvel objet d'étude, mais aussi une source de légitimité ; les pouvoirs publics, qui utilisent les termes à la mode pour insuffler un peu de renouveau aux politiques industrielles et au discours de l'État ; enfin, les consultants et autres formateurs, qui sont présumés être les grands gagnants du phénomène des modes en gestion ».

le cas pour l'holacratie et les entreprises opale uniquement portées par des consultants. Les entreprises libérées, après avoir été conceptualisées par un professeur d'école de commerce, ont bénéficié du soutien et de la visibilité des patrons qui les ont promues à l'extérieur de leur propre organisation, et qui ont eu la capacité de soutenir financièrement des publications. Quant aux entreprises à mission, elles ont carrément été adoubées par la loi.

3. Ce processus est aussi empreint de croyances et de mimétisme, encouragés par de multiples facteurs : le pouvoir d'attraction d'une solution simple et rapide, la force de persuasion qui découle de la synergie d'acteurs légitimes, le désir mimétique des élites et la quête de légitimité de gestionnaires qui veulent rester « à la pointe » et ne pas se sentir déclassés. Pour Christophe Midler (1986) cependant, la mode ne séduit pas uniquement les conformistes et les naïfs, mais aussi et surtout ceux qui savent légitimer par le recours à la rhétorique « à la mode » des projets qui étaient déjà inscrits à l'agenda de l'organisation : « celui-là ne change pas pour suivre la mode, il utilise la mode pour promouvoir le changement ».

Figure 3.1 – Quelques modes des 30 dernières années

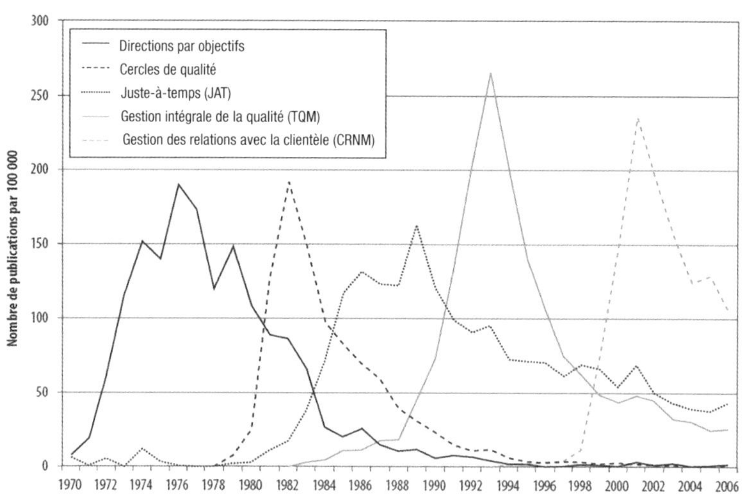

Source : Giroux, H. (2007).

Figure 3.2 – Évolution du nombre de publications sur l'entreprise libérée de 1992 à 2019

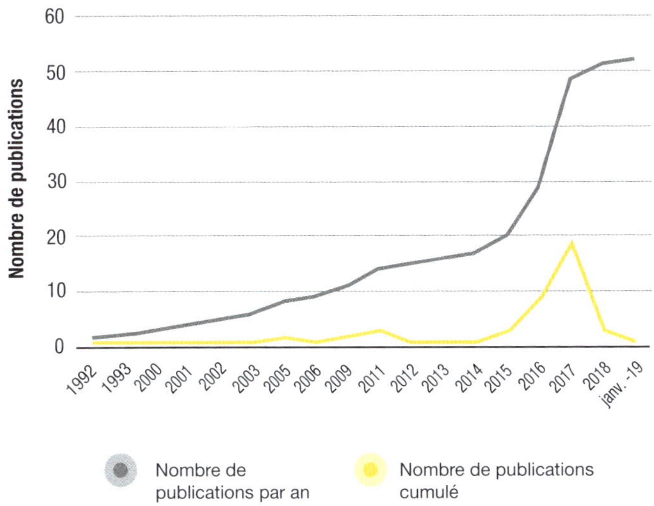

Source : Mattelin-Pierrard, C., Bocquet, R., & Dubouloz, S. (2020).

4. Ce processus connaît un cycle de vie court[17] qui prend la forme d'une courbe en cloche : la mode se diffuse rapidement et s'efface tout aussi vite, tout comme le nombre de publications dont elle fait l'objet. La méthode la plus répandue pour apprécier la diffusion d'une mode est en effet la bibliométrie, soit le décompte des articles publiés sur la méthode en question (voir figure 3.1 et 3.2).

Plusieurs des outils de gestion analysés en leur temps par Giroux dans le schéma 3.1 relèvent du modèle japonais (cercles de qualité, juste-à-temps, qualité totale). Plus récemment, le nombre de publications dont les entreprises libérées ont fait l'objet de 2015 à 2019 présente exactement la même configuration : une rapide ascension suivie d'une brusque décrue après seulement trois ans. Notons que

17. Les auteurs prudents l'estiment à « moins de dix ans » mais certains sont plus précis et drastiques : ce cycle de vie serait de trois à cinq ans.

sur la totalité des publications recensées par Mattelin-Pierrard *et al.* (2020), seuls six auteurs ont produit 40 % de cette littérature, Isaac Getz[18] en tête. De nombreux auteurs (Dortier, 2017 ; Gilbert *et al.*, 2017 ; Mattelin-Pierrard *et al.*, 2020) s'interrogent ainsi sur la nature réelle de l'entreprise libérée : un mode managérial ou une mode managériale ?

Cette définition des modes managériales souffre toutefois des limites de son instrument de mesure : la bibliométrie. Celle-ci se limite au discours et ne nous dit rien sur les pratiques réelles. La notion de cycle de vie en cloche ramassée ne correspond pas toujours aux observations historiques. Comme le soulignait déjà Midler (1986), il peut s'écouler un temps de latence variable entre l'invention du concept managérial et sa « découverte » applicative, comme nous l'avons illustré avec les concepts issus de l'ERH. Midler cite en exemple de cette logique de sédimentation les quelques vingt ans qui séparent l'invention des cercles de qualité en 1961 au Japon et leurs premières applications pionnières en France en 1981 : « Il se peut que certaines méthodes restent éternellement sur les rayonnages des bibliothèques spécialisées, tandis que d'autres seront dès leur invention propulsées dans les débats publics et que d'autres enfin, un moment confidentielles, trouveront une apothéose tardive, voire un "come-back" » (Midler, 1986). De même, le déclin de l'intérêt des chercheurs peut provenir du fait que le sujet a épuisé son potentiel académique et est désormais assimilé à la vulgate managériale ou incorporé à d'autres théories. Ce qui ne nous renseigne ni sur l'adoption réelle des méthodes, ni sur leur impact, ni sur leur éventuel abandon, d'autant que les pratiques évoluent toujours plus lentement que le cycle de l'engouement.

Enfin, dans cette vision, les acteurs sont « réduits au rôle de consommateurs naïfs ou soumis à des pressions extérieures » (Giroux, 2007). Comme s'ils étaient incapables de recul critique et réflexif, ils se contenteraient de suivre le mouvement en étant la proie de puissants phénomènes de conformisme et d'imitation.

Or, la place prise par les acteurs est tout au contraire l'un des enjeux clés, voire la pierre angulaire, permettant de réellement distinguer une innovation d'une mode.

18. Isaac Getz est l'auteur avec Brian Carney de *Liberté & Cie* (Fayard, 2012) qui a lancé le mouvement des entreprises libérées.

Comment distinguer une mode d'une innovation ?

Romain Zerbib (2021) qui étudie la diffusion des modes de gestion au sein des entreprises, situe cette différence dans le processus d'adoption et de déploiement de la méthode considérée. Une même méthode de gestion peut en effet être implantée de deux manières diamétralement opposées (figure 3.3).

Elle peut soit être *l'objet d'une innovation* lorsqu'une entreprise construit sa propre méthode en faisant preuve de créativité pour répondre à un problème auquel elle est confrontée. Dans ce premier cas, la méthode de gestion est construite par les acteurs internes qui peuvent certes s'inspirer de modèles existants mais font l'effort de les adapter pour répondre à leurs besoins et spécificités propres (environnement, secteur d'activité, culture organisationnelle et managériale, jeux d'acteurs, etc.) : ces méthodes s'hybrident alors avec d'autres pratiques internes, « donnant ainsi lieu à de nouveaux usages originaux » (Zerbib et Taphanel, 2018).

A contrario, la même méthode peut également être le *fruit d'une mode* lorsque l'entreprise se contente d'imiter un exemple extérieur sans tenir compte des spécificités propres à son organisation. Dans ce second cas, la méthode s'impose sous la forme d'un produit simplifié et packagé (même s'il est parfois présenté avec quelques attributs du sur-mesure pour tenir compte des contingences locales) par des acteurs souvent externes (consultants) qui cherchent à la diffuser massivement sur le marché pour en tirer profit.

Figure 3.3 – Les différences entre une mode et une innovation managériale

Innovation managériale	Mode managériale
Construite en interne (pouvant s'inspirer de différentes sources et influences)	Copiée de l'extérieur
Co-construite collégialement à partir des besoins du terrain	Imposée unilatéralement de manière *top-down*
Solution spécifique à chaque entreprise	Solution packagée
Adaptée aux besoins et caractéristiques propres de l'organisation	Adaptable à toutes les entreprises

On se retrouve ainsi face à deux logiques très différentes. Dans le premier cas, le processus suivi est expérimental. Même si l'impulsion provient souvent de la direction ou du *corporate*, les acteurs internes de l'organisation s'approprient ou inventent de nouvelles méthodes, testent et adaptent en continu leurs pratiques. Dans le second cas, le processus suivi est descendant, et la méthodologie opérationnelle de même que la conduite de la transformation sont définies et opérées par des experts, souvent extérieurs, en lien avec le *corporate*. Cette seconde approche a, par exemple, été largement dominante dans les applications occidentales du modèle japonais comme en témoigne ce responsable de l'amélioration continue dans une usine appartenant à un grand groupe papetier : «*En 2006-2007, le corporate a pris contact avec des consultants de renom et il leur a acheté une prestation pour déployer l'amélioration continue dans toutes les usines du groupe. Les experts venaient ensuite pendant trois mois déployer à fond les méthodes, puis il y avait une personne qui était nommée "champion" et qui devait faire perdurer l'amélioration continue. Quatre ans plus tard, les gens de terrain ne se rappelaient rien de ce qui avait été fait. On a tout recommencé avec un petit consultant local*»[19]. Dans la pratique, on retrouve le plus souvent une combinaison de mouvements descendants et ascendants.

Les «modes» ne sont cependant pas à rejeter en bloc : elles peuvent aussi être des sources d'inspiration pertinentes. Elles révèlent en effet les «attentes sourdes qui traversent les organisations productives» (Casalegno, 2017) et sont plus fondamentalement la «traduction d'un bouleversement paradigmatique, induit par des mouvements sociotechniques de fond, en solution opérationnelle» (Fache et Zerbib, 2020). Elles doivent donc être prises en compte sérieusement «à condition de s'affranchir d'une posture de fascination quasi aveugle pour tout ce qui arrive sur le marché du management. Il s'agit de conserver une posture critique pour évaluer ce qu'il pourrait être éventuellement intéressant non pas de copier mais d'assimiler» (Barel, 2019) pour en faire un mode de gestion endogène. Ainsi chez Michelin (124 000 salariés), Florent Menegaux, le président, témoigne-t-il : «*Nous devions construire un modèle de leadership qui nous ressemble profondément. Nous pouvions nous inspirer de briques existant à l'extérieur, mais in fine, l'objectif était que chaque personne de Michelin s'y retrouve. [...] Ce n'est pas un modèle prêt à l'emploi proposé par un consultant extérieur. C'est un modèle Michelin défini par nous, les Michelin*» (Chaire FIT[2], 2021). Et chez

19. Cas cité in Pellerin et Cahier (2021), p. 75-76. L'auteure a eu accès à l'entretien complet dont cette citation est issue.

Ticket for Change[20] (25 salariés), une organisation de l'ESS : « *Une des ambitions était de mettre en place une gouvernance qui nous ressemble. [...] on ne voulait pas implémenter un modèle existant. On voulait inventer notre propre modèle, mais en reprenant des éléments de modèles : on a repris des trucs de Laloux, de l'holacratie, des bouts des méthodes agiles, etc. Mais on ne s'est pas imposé de reprendre un modèle parce qu'on voulait quelque chose qui soit adapté à nos problématiques* »[21].

L'enjeu du processus d'innovation organisationnelle et managériale est donc avant tout de « penser l'entreprise dans sa complexité, dans son historicité, dans sa singularité » (Barel, 2019), ce qui ne peut se faire sans le concours actif des acteurs de terrain. Le processus d'innovation implique ainsi « une capacité d'écoute des forces internes de l'entreprise que l'on a trop souvent tendance à percevoir sous l'angle de l'intendance qui suivra. Le risque d'adhésion aveugle à des modes serait ainsi particulièrement développé au sein des structures où le travail réel est peu mis en discussion et en visibilité. Autrement dit, un déficit d'écoute en interne pousserait à un excès d'écoute des solutions externes » (Barel, 2019).

Toutefois, même quand des dispositifs d'écoute interne ou de participation sont mis en place, ils peinent souvent à saisir le travail réel et ses nuances, surtout dans de grandes organisations. Les recueils d'avis par plateforme numérique, notamment, tendent à se substituer à l'organisation d'ateliers-débats à grande échelle. Or les dispositifs numériques présentent de nombreuses limites à la participation : ils encadrent considérablement la liberté d'expression (thèmes prédéfinis, nombre de participants souvent limité dans les faits, espace d'expression parfois limité par un nombre de signes, votes et *likes* en lieu et place du débat). Le processus s'apparente alors davantage à une consultation destinée à nourrir la direction qu'à une véritable co-construction. Pellerin et Cahier (2021) avaient déjà souligné, dans un autre contexte, qu'ateliers de design thinking et autres *focus groups* ne concernent généralement qu'un faible panel de salariés, et que les résultats, présentés comme « co-construits », sont ensuite généralisés au reste de l'organisation pour qui la « co-construction » semble alors relever de la fiction.

---

20. Ticket for Change est une école de formation pour « acteurs de changement ». L'association accompagne notamment des entrepreneurs qui créent des projets à vocation sociale et environnementale, des salariés et dirigeants qui veulent contribuer à transformer leur organisation vers plus d'impact et des personnes en reconversion qui veulent trouver un emploi qui ait plus de sens pour eux.

21. Entretien avec le Lead Stratégie de Ticket for Change avec l'auteure, avril 2022.

Construire et diffuser de nouveaux attendus managériaux dans un grand groupe internationalisé

La démarche utilisée par un très grand groupe français de dimension internationale pour construire de nouveaux attendus managériaux illustre la volonté d'associer les managers par une large consultation, mais surtout la latitude donnée aux acteurs pour adapter le nouveau référentiel managérial ainsi conçu.

D'abord, la DRH Groupe a lancé une consultation en ligne des managers (16 000) via une plateforme numérique, qui a été suivie par des *focus groups*. La synthèse des résultats a ensuite été soumise aux « leaders » du groupe pour enrichissement et confrontation, et la validation finale a été faite par le CoDir. Tout au long de ce processus qui a pris neuf mois, les résultats des diverses consultations ont été croisés avec différentes autres sources, telles que des baromètres de l'expérience salariés, des démarches d'autonomisation déjà enclenchées dans certaines divisions, etc., afin de s'assurer de l'acceptabilité et de la cohérence des nouveaux attendus avec la culture d'entreprise.

Pour autant, ces nouveaux attendus ont fini par beaucoup ressembler à ceux d'autres groupes, preuve s'il en est que les acteurs de terrain sont sujets tout autant que les directions aux effets mimétiques et à l'air du temps. Il faut aussi tenir compte d'une certaine « aseptisation » du contenu produite par les effets de lissage issus de multiples instances de validation.

Afin de permettre une adaptation modulable de ces attendus managériaux à travers toute l'organisation, selon les métiers et les terrains, le *corporate* n'a pas imposé ce référentiel à tous les pays et toutes les divisions. Il a choisi une logique « d'infusion » pour tenir compte de la diversité des situations dans ce groupe très décentralisé. Le nouveau référentiel a été proposé comme un cadre d'action pouvant être « *plug and play* » (intégration complète du référentiel dans les process RH et les programmes de développement des managers) ou « *pick and choose* » (choisir dans le référentiel ce qui est adapté à l'activité et à l'environnement). Il n'y a ainsi pas eu d'homogénéisation forcée des pratiques dans le groupe, mais des adaptations locales possibles à partir du référentiel commun. Le revers de cette démarche « à la carte » est que l'appropriation qui en a été faite demeure très variable. Là où les équipes se sont saisies du référentiel, les principes d'action ont pu être personnalisés au contexte et aux enjeux, mais d'autres entités ne se sont pas du tout saisies du cadre proposé. Ces « zones blanches » sont perçues aujourd'hui comme une limite du modèle de diffusion par « infusion ».

Si cette participation est compliquée à organiser, elle n'est cependant pas impossible. Sailly *et al.* (2022) citent, par exemple, le cas d'une entreprise mutualiste de 7000 personnes dans laquelle le mot d'ordre était « co-construction ». L'objectif de la direction était de revoir, métier par métier, la gestion du temps de travail (extension des plages horaires pour les clients) en contrepartie d'une montée en autonomie des salariés dans la gestion de leur planning. Les nouvelles règles devaient résulter d'une démarche participative des salariés et de leurs représentants (encadrée par un accord de méthode négocié avec les organisations syndicales). « *La démarche utilisée est un pur produit maison,* explique la responsable du projet. *Elle n'est pas issue d'une conception externe. Nous souhaitions ne pas nous contenter de réfléchir à l'organisation du temps de travail entre experts de la DRH et juristes, mais demander aux collaborateurs de proposer des idées…* ». Le projet s'est étendu sur deux années. Une soixantaine de groupes de travail de 11 personnes (dont un représentant syndical dans chaque groupe), issus aussi bien du siège que du réseau, ont été organisés sur une base volontaire, réunissant 10 % de l'effectif pendant 3 jours. L'approche a été résolument *bottom-up*, partant d'un diagnostic assez large sur les « irritants » sans donner de consignes précises à la discussion ; 528 idées en sont ressorties. Pour assurer la transparence, les idées faisant consensus lors des réunions des groupes de travail étaient immédiatement formalisées puis publiées telles quelles. La direction en lien avec les organisations syndicales a ensuite passé les idées au filtre du triptyque « qualité du service clients, amélioration des conditions de travail, performance de l'entreprise », en retenant celles qui amélioraient au moins l'un des pans du triptyque sans en dégrader un autre. 360 mesures ont ainsi été retenues, puis regroupées en 10 principes-clés. 36 expérimentations ont ensuite été menées pour tester la faisabilité des idées émises par les groupes de travail. Le suivi du projet a été partagé sur un espace dédié de l'intranet, accessible à tous les salariés. En dépit de quelques réserves syndicales, les salariés ont dans leur ensemble été très satisfaits de leur participation. Ils ont obtenu de nouveaux droits (dont l'extension du télétravail) et plus d'autonomie, en échange de l'élargissement des heures d'ouverture. Les objectifs de la direction ont été atteints. La démarche participative a permis à l'équipe projet d'avoir une vision plus claire des enjeux et de pousser la discussion sur les choix d'organisation tout au long de la conception, tout en renforçant l'engagement des salariés sur le projet d'entreprise.

L'appropriation-adaptation des méthodes et la place accordée aux acteurs de terrain forment donc la pierre angulaire qui différencie *une* mode d'*un* mode de management, mais ces deux facteurs expliquent aussi qu'il est souvent plus facile et tentant d'aller vers la première que vers le second. Un véritable processus d'innovation managériale prend en effet du temps, beaucoup plus que de copier-coller une mode packagée. Et ce temps long de l'émergence puis de l'appropriation sied mal à l'impératif d'urgence généralisée. L'industriel Frédéric Lippi indique ainsi que plus de dix ans auront été nécessaires pour transformer en profondeur son organisation et que ce processus continu n'est jamais achevé (Bourguinat, 2019) (voir aussi chapitre 6).

La portée de l'innovation organisationnelle et managériale

Les différentes manières d'impulser et de conduire les changements organisationnels et managériaux représentent aussi des indices concernant la portée réelle que l'entreprise entend donner à sa transformation.

Pour mieux comprendre ce phénomène, il peut être utile de mobiliser les notions de changement de type 1 et 2 issues de l'école de Palo Alto (Watzlawick *et al.*, 1975). Le changement de type 1 prend place à l'intérieur du système : il se contente d'en modifier quelques éléments internes tout en préservant son identité globale, ce qui donne lieu à une évolution paradoxale où « plus ça change, plus c'est la même chose ». Comment, par exemple, demander aux managers de changer de postures sans révision de leurs objectifs, sans ressources ni marges de manœuvre dans la reconnaissance financière de leurs collaborateurs, sans outils mis à jour et sans soutien de leurs directions ? À l'inverse, le changement de type 2 modifie le système lui-même grâce à un changement des règles gouvernant ses structures et son ordre interne, ce que les chercheurs de Palo Alto nomment son « cadre ». Là où le premier va paradoxalement engendrer un maintien du système qu'on cherche pourtant à transformer, le second permet l'ancrage d'une évolution d'ampleur.

Le concept de changement de type 1 nous permet de saisir comment des pratiques alternatives portées par les NMMO peuvent être métabolisées par le système dominant sans le bouleverser. C'est typiquement le cas, lorsque les salariés sont invités à définir le « comment », c'est-à-dire l'organisation de leur travail, sans être en aucune manière associés au « quoi » (la stratégie de l'entreprise, les objectifs) et au « pourquoi » (la raison d'être, les valeurs, etc.). Le design organisationnel est reconfiguré, le management « renversé », les pratiques RH secouées, mais la gouvernance globale de l'entreprise, elle, reste inchangée : la place du dirigeant, du comité de direction, du conseil d'administration, le centre de gravité du pouvoir ou encore la répartition des richesses sont rarement interrogés ou alors timidement. La transformation reste finalement cantonnée au niveau micro (les équipes) et encapsulée dans un cadre plus large qui, lui, n'est pas modifié. Cela peut conduire à vider complètement le changement de sa substance.

C'est ainsi que « l'agilité » peut avoir des effets totalement inverses aux effets espérés lorsque le « cadre » traditionnel persiste, comme l'explique parfaitement le fondateur d'une entreprise agile (Canivenc, 2011) : « *Si la culture ne change pas, les pratiques de l'agilité ont l'effet inverse de l'intention. L'exemple le plus frappant, c'est la mêlée quotidienne : la mêlée quotidienne, c'est un lieu de synchronisation et d'autogestion ; si tu mets ça dans une culture de contrôle, le* control freak, *il est plus heureux que jamais parce que tous les jours, il a un lieu pour dire quoi faire à qui et quand* ». Ce même écueil guette les NWoW quand ils se limitent à promouvoir des « bonnes pratiques » comportementales et un nouvel « outillage » managérial, sans interroger le système sous-jacent.

À l'inverse, une véritable innovation organisationnelle produira le plus souvent un inévitable bouleversement des relations sociales : les gestionnaires doivent déléguer une partie de leur pouvoir de réflexion et d'action, que d'autres sont désormais appelés à assumer. Chacun doit adopter de nouveaux rôles et postures, loin de ceux qui leur étaient traditionnellement dévolus. On assiste ainsi à un double processus de déstabilisation autant personnelle qu'interpersonnelle et organisationnelle. C'est donc un cheminement complexe et fragile qui implique de prendre des risques et, ici encore, il semble plus simple d'opter pour une mode plutôt que pour une innovation.

Toutefois, comme le souligne Midler (1986) avec prudence, « évoquer le problème du changement "réel" ou "factice" renvoie à une définition implicite du référentiel par rapport auquel on va mesurer le changement : tel observateur soutiendra que rien n'a évolué parce qu'il constate que les variables qu'il privilégie dans sa représentation de l'entreprise (par exemple les rapports de propriété économique) sont inchangées, alors que pour tel autre, au contraire, la même innovation pourra constituer un changement notable ».

Les finalités de l'innovation organisationnelle et managériale

La difficulté à changer le « cadre » des organisations tient également à la prédominance des logiques gestionnaires sur toute autre finalité.

Il ne faut pas se cacher derrière son petit doigt, ces transformations ont majoritairement une finalité utilitariste. Selon l'étude précitée de Michel Ajzen, Céline Donis et Laurent Taskin (2015) qui porte sur plus de 162 études de cas, les deux motivations le plus souvent exprimées par les organisations lors de la mise en place de pratiques associées aux NMMO (que les auteurs nomment NFOT) sont de nature économique et organisationnelle : « Il est possible de parler des apports bénéfiques des NFOT sur les travailleurs dans les organisations mais uniquement comme cristallisant une étape intermédiaire qui aura ainsi des incidences sur la performance organisationnelle. Il transparaît donc qu'il n'importe pas tant d'augmenter la satisfaction, l'engagement ou, de façon plus générale, le bien-être au travail mais bien de recourir à ces éléments dans le but d'optimiser le rendement de l'organisation et lui permettre ainsi d'être toujours plus profitable ».

Une responsable « facteur humain » dans une grande organisation industrielle nous indiquait encore récemment qu'il est difficile de promouvoir des innovations organisationnelles et managériales sans apporter aux directions générales des preuves concrètes des KPI que ladite transformation peut améliorer : par exemple, la facilité de recrutement, le taux d'engagement des salariés, le taux de démission, l'absentéisme, la productivité, le nombre de projets innovants, la satisfaction client, etc. Or le lien entre nouvelles organisations du travail et amélioration de ces critères peine souvent à être établi, du moins à court terme. À brève échéance, on assiste bien plus souvent à une dégradation du climat social et à des formes de désorganisation de la production suite à ces changements (voir chapitre 5). La mesure gestionnaire de la démarche (améliorer les KPI) peut donc conduire à son abandon sans lui donner la moindre chance de produire des effets à plus long terme. La persistance de la logique gestionnaire dans une perspective de temps court explique donc aisément pourquoi des retours à des formes plus traditionnelles se produisent, dès lors que les indicateurs qu'on visait à améliorer ne sont pas au rendez-vous.

Quelques rares entreprises sont capables de bouleverser le métacadre, c'est-à-dire de ne pas se restreindre à des objectifs strictement mesurables, mais de s'ouvrir à des finalités « méta-économiques », qui les intègrent sans s'y limiter, par exemple lorsqu'elles cherchent à réaliser leur responsabilité sociétale en équilibrant les trois piliers : économique, social et environnemental. Les NMMO deviennent alors un vecteur de cette nouvelle finalité.

CHAPITRE 4

Les NMMO en pratique(s) : récurrences et variations

La portée innovante des NMMO est ainsi fortement corrélée à la manière dont ils sont conçus et déployés. Leur analyse critique invite à dépasser les discours génériques pour s'intéresser aux pratiques concrètement mises en œuvre. Ce détour par le terrain permet en outre de repérer plus finement les récurrences et les variations des NMMO.

Caroline Mattelin-Pierrard (2020) a réalisé une analyse approfondie de la littérature sur les pratiques associées à « l'entreprise libérée[22] », qu'elle a ensuite croisées avec des avis d'experts : des dirigeants d'entreprises libérées ou des consultants ayant réalisé des interventions dans ces contextes. Cette analyse débouche sur la mise en exergue de six pratiques managériales typiques : l'existence d'équipes autogouvernées, la transparence de l'information, l'auto-direction (les salariés déterminent leurs tâches eux-mêmes), la prise de décision participative, le droit à l'erreur et le soutien personnalisé aux collaborateurs (notamment par des coachs).

Dans la droite lignée de ces recherches, nous proposons une grille construite à partir d'études de cas d'organisations expérimentant des NMMO de manière plus ou moins radicale. Ces cas émanent de plusieurs sources : de la base en libre accès « Autonomie et responsabilité dans les organisations »[23] de la chaire FIT² – en partie déjà analysées en coupe transversale

22. Il semblerait que, dans cette étude, le terme « entreprise libérée » soit utilisé de manière générique pour désigner l'ensemble des nouveaux modèles d'organisation prônant une autonomie radicale.

23. La plateforme de cas Autonomie et responsabilité dans les organisations est accessible sur le site du CERNA de l'École des mines à Recherche/Chaire FIT2. Voir bibliographie.

par Thierry Weil et Anne-Sophie Dubey (2020) – et des témoignages du séminaire correspondant; des organisations étudiées dans le cadre de nos travaux de doctorat puis de post-doctorat sur les structures autogérées et des organisations du secteur des nouvelles technologies (Canivenc, 2009, 2012); des organisations étudiées dans le cadre d'un projet de recherche en cours de la chaire FIT[2] sur les transformations organisationnelles et les outils numériques; enfin, d'autres études de cas issues de la littérature. Ce panel nous a permis d'analyser les pratiques issues de divers courants composant les NMMO : des plus anciens (organisations autogérées sous forme de Scop ou association) aux plus récents (organisations agiles, libérées, holacratiques ou opale, que l'on retrouve rarement sous une forme « pure » et qui intègrent souvent certains préceptes du lean). Au total, c'est une vingtaine d'études de cas qui ont été mobilisées, recouvrant des PME, des ETI, des divisions ou départements de grands groupes, des organisations industrielles ou de services, des structures de l'ESS ou des sociétés à gouvernance traditionnelle.

Après croisement de ces cas, nous retenons six pratiques récurrentes caractérisant l'évolution des entreprises vers les NMMO : 1) la reconfiguration du design organisationnel[24]; 2) la définition de zones d'autonomie pour les prises de décision; 3) l'évolution du rôle managérial; 4) l'évolution du rôle des opérationnels; 5) des changements dans les pratiques RH; 6) une ouverture des systèmes d'information. Cependant, la « mise en musique » de ces pratiques représente autant de variations sur le thème. Ce sont des « instruments » permettant à chaque organisation de sélectionner, combiner et expérimenter des formes opérationnelles adaptées à ses spécificités et toujours évolutives, à la manière d'un orchestre de jazz. Ces variations sont la preuve que les NMMO n'incarnent en rien un nouveau *one best way*.

Reconfiguration du design organisationnel

La plupart des entités étudiées procèdent à une reconfiguration sous forme d'unités opérationnelles de plus petite taille qu'auparavant, qui s'auto-organisent via des instances de dialogue collectif. Les termes pour les désigner sont nombreux : unités de production autonomes, mini-usines, communautés, *squads*, cercles, cellules,

24. Le design organisationnel renvoie à une réflexion globale sur la structuration de l'entreprise : organisation en fonctions (entités spécialisées par métier), en divisions (entités polyvalentes centrées sur un produit/service, un projet, un secteur géographique, un marché/type de client), en matrice (combinant les deux modalités précédentes); définition du périmètre d'action et des responsabilités de chaque entité; élaboration des modalités de coordination au sein de chaque entité et entre ces différentes entités; précision du nombre de niveaux hiérarchiques.

Le design organisationnel des structures autogérées

Dans les petites structures de moins de dix personnes, la gestion collective s'effectue via une réunion hebdomadaire qui regroupe l'ensemble des membres et aborde tous les sujets (production, administration, gestion, vente...). Mais au-delà de cette taille, il devient difficile de prendre des décisions collégiales sur tout : les discussions s'enlisent et les réunions s'éternisent. Il devient, dès lors, fréquent de trouver trois instances décisionnelles :

- des instances sectorielles réparties par métiers, souvent nommées « comités » ;
- des instances transversales divisées par thématiques, souvent nommées « commissions » (gestion et finance, RH, communication, etc.) ;
- une instance collégiale centrale qui peut prendre le nom de « collectif », de « comité de travail » ou encore se confondre avec l'AG. Elle prend en charge les grandes décisions stratégiques et financières ainsi que leur suivi : règlements généraux, investissements d'envergure, budgets prévisionnels et objectifs annuels, voire débats politiques sur les valeurs autogestionnaires.

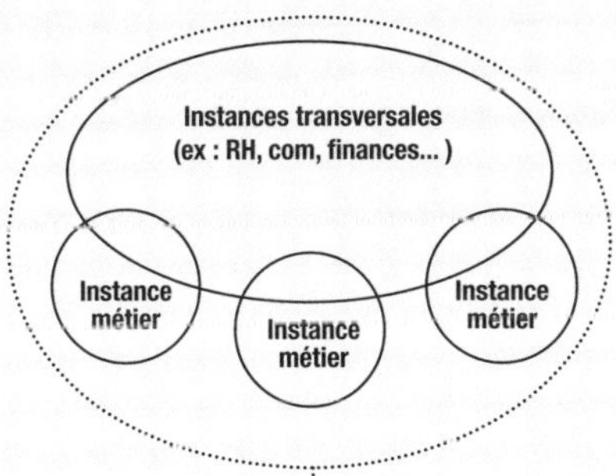

comités. Cette taille restreinte permet aux équipes de s'auto-organiser, en limitant les coûts de transaction (coordination-communication) entre leurs membres.

Il existe toutes sortes de design organisationnel possibles. Comme on le voit à travers l'exemple de Cookiz (voir encadré ci-après), son évolution s'accompagne d'un profond bouleversement des rôles managériaux, appelés à devenir des facilitateurs et à déléguer une partie de leurs prérogatives aux opérationnels. Si ces deux aspects de l'analyse (design et management) sont ici décorrélés pour plus de clarté (voir ci-après *Évolution du rôle managérial*), ils entretiennent en réalité des liens profonds. Le design organisationnel est toujours à concevoir dans le cadre d'une démarche systémique.

Cookiz et la reconfiguration organisationnelle de l'usine de Montauban

Avant sa libération, le site de Montauban de Cookiz était marqué par des pratiques de gestion rigides. L'organigramme témoigne ainsi d'une organisation très hiérarchisée. Les salariés décrivent une direction d'usine autoritaire, qui imposait une séparation étanche entre les cadres et les ouvriers, nourrissant un climat social très conflictuel : *« On était comme des militaires, ou comme des robots. Tu viens, tu fais ce qu'on t'a demandé et ne cherche pas à comprendre. »*

Design organisationnel avant la libération

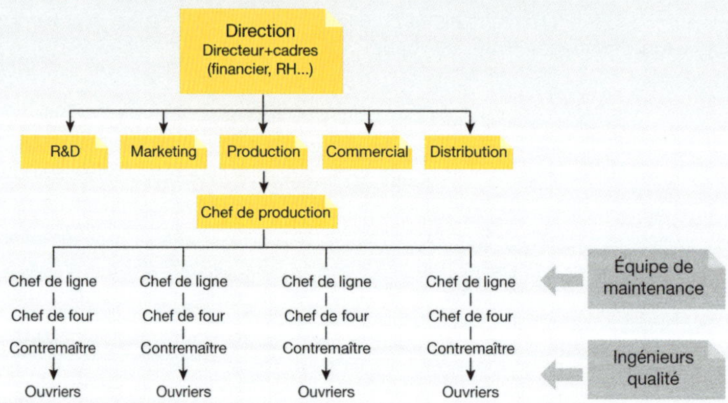

Source : organigramme simplifié du site de Montauban avant la libération dessiné par l'auteure sur la base des données fournies par Picard, H. (2015). « Entreprises libérées, parole libérée ? » Lectures critiques de la participation comme projet managérial émancipateur. Thèse en sciences de gestion, Paris-Dauphine.

Au début du processus de libération, un forum a été organisé avec les salariés pour définir les grands principes d'organisation auxquels ils aspiraient. Un comité a ensuite été chargé de l'opérationnaliser : un nouveau schéma d'organisation en quatre unités autonomes de production a été approuvé par les salariés et par la direction. Trois unités regroupent chacune deux à trois lignes de production ; elles sont organisées par groupe de produit (chaque type de produit nécessite en effet des processus de production et des technologies différentes). La quatrième unité regroupe la préparation (pesée, mise en place des bacs d'ingrédients) et la fabrication d'emballages.

Le site a également fait évoluer les rôles : les titres de « directeur » et de « chef » ont été remplacés par celui d'« animateur ». Le « directeur du site » a ainsi été renommé « animateur de site » et coordonne l'activité des quatre unités autonomes de production. Chaque unité a un « animateur d'unité », choisi par un collectif comprenant des ouvriers et des cadres de l'usine. Les animateurs ont un rôle de facilitateur (mise à disposition de ressources, animation des réunions) et de coordinateur entre les lignes de l'unité. Tous les autres postes de chefs ont été supprimés (chef de production, contremaître, chef de ligne et chef de four). Leurs rôles de supervision ont été redistribués à des ouvriers volontaires, qu'ils aient déjà été « chefs » avant ou non, au travers de trois nouvelles fonctions.

Les OPAC (opérateurs de compétences) reprennent les quatre tâches principales des chefs de lignes : coordinateur (gestion du planning et des congés), four, qualité, approvisionnement. Ces rôles sont pris en charge par des ouvriers volontaires qui touchent une prime de 100 €.

Les techniciens de progrès, au nombre de deux par unité, travaillent à l'amélioration des postes à partir des problèmes et besoins exprimés par les ouvriers. Ils sont donc au service des ouvriers.

Enfin les experts process, au nombre de trois, sont chargés de la maintenance des machines, de la qualité des produits et de l'innovation. Ils reprennent les fonctions auparavant confiées à des équipes distinctes et qui sont désormais intégrées dans les unités, ce qui rend réellement chaque unité polyvalente et autonome.

Design organisationnel après la libération

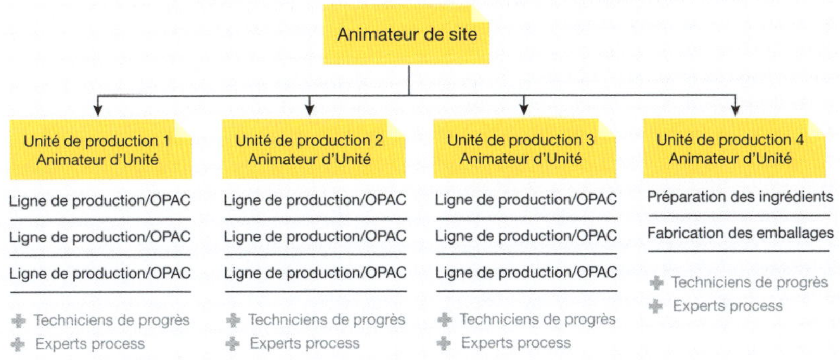

Source : Organigramme simplifié du site de Montauban après la libération dessiné par l'auteure à partir des données fournies par Picard, H. (2015). « Entreprises libérées, parole libérée ? » Lectures critiques de la participation comme projet managérial émancipateur. Thèse en sciences de gestion, Paris-Dauphine).

À lui seul, le design organisationnel ne garantit aucune transformation profonde et peut même contribuer à désorganiser le fonctionnement (voir encadré ci-contre). C'est pourquoi, dans les contextes de transformation d'un existant, il est souvent préférable de le concevoir après avoir expérimenté d'autres facettes du changement. Il est pourtant souvent mis au premier plan, car il représente un marqueur visuel de transformation (un nouvel organigramme) facile à communiquer.

Les fonctions support, quant à elles, font l'objet de pratiques assez différentes selon les organisations. Certaines peuvent être « logées » dans les unités de base sans qu'il y ait forcément suppression (mais allègement) des services correspondants : c'est souvent le cas du recrutement, qui peut être délégué aux équipes, mais il peut s'agir aussi du contrôle qualité, de la maintenance ou des achats jusqu'à un certain seuil, etc. Dans d'autres organisations, en revanche, l'intégrité des fonctions support est maintenue, mais celles-ci évoluent vers un rôle d'accompagnement des équipes, de « support » au sens littéral du terme.

Les structures autogérées développent une formule originale à la croisée des deux précédentes : des « commissions » sont dédiées à ces fonctions transverses (RH, communication, finance…) toutefois elles sont composées de salariés issus des différentes unités de production (souvent appelées « comités ») (Canivenc et Moreau, 2020).

Des zones d'autonomie dans les prises de décision

Le redesign organisationnel n'est pas une fin en soi. L'objectif fondamental qu'il poursuit est généralement d'aider à inverser la pyramide traditionnelle encadrant les prises de décision opérationnelles (plus rarement stratégiques) selon un principe de subsidiarité[25] : plutôt que de partir du sommet stratégique puis de suivre un mouvement descendant jusqu'à la base, les différentes unités disposent d'une latitude plus ou moins grande pour prendre les décisions qui les concernent, et en faire remonter d'autres au niveau supérieur (soit qu'elles aient des difficultés pour prendre la décision, soit que la dimension considérée nécessite l'arbitrage d'un niveau supérieur). Le principe de subsidiarité permet de raccourcir considérablement la ligne de décision, donnant

25. Il faut distinguer la subsidiarité de la simple délégation : avec le principe de délégation, la responsabilité de l'action reste entre les mains d'une figure hiérarchique qui peut décider ou non de la transférer en tout ou partie à ses subordonnés dans un cadre et des modalités prédéfinis. Avec la subsidiarité en revanche, la responsabilité appartient au subordonné qui peut solliciter l'aide ou l'avis de l'échelon hiérarchique supérieur en cas de besoin.

Le modèle Spotify

L'entreprise Spotify, basée à Stockholm, est connue pour son design organisationnel original s'inspirant du langage de *gamer* : les équipes polyvalentes et autonomes sont nommées «*squads*». Elles se regroupent en «tribus» pour travailler ensemble sur un sujet commun. Des communautés de pratiques sont également mises en place entre les membres de squads différents (groupes nommés «*chapters*») et de tribus différentes (groupes nommés «*guilds*»).

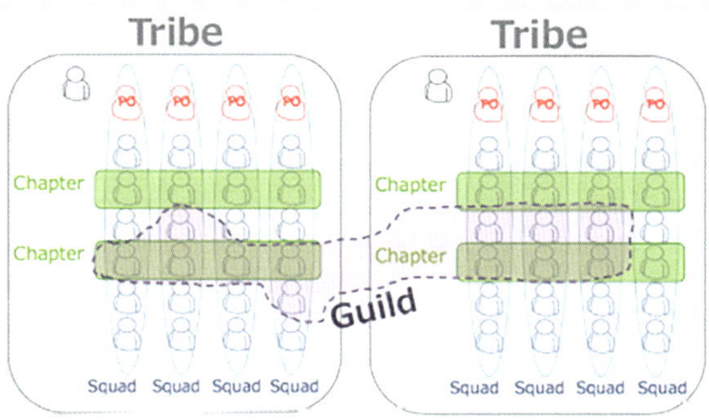

Source : blog Myagile Partner.

Cet exemple d'agencement a été publicisé par les coachs agiles Henrik Kniberg et Anders Ivarsson en 2012 et est rapidement devenu une «utopie agile». En réalité, il semble n'avoir jamais été complètement appliqué, comme en témoigne Jeremiah Lee, un ancien salarié : «*J'ai rejoint la société après qu'elle a triplé de taille à 3 000 personnes sur 18 mois. J'ai appris que le fameux modèle de squad n'était qu'une ambition et n'avait jamais été entièrement mis en œuvre. J'ai été témoin d'un chaos organisationnel alors que les leaders de la société étaient en transition incrémentale vers des structures de management plus traditionnelles*» (My O, 2020).

Si le «modèle» a certainement été utilisé pour promouvoir la marque employeur, ceux qui l'avaient formalisé ne l'ont jamais revendiqué comme tel : «*Cela m'inquiète lorsque les gens regardent ce que l'on fait et pensent que c'est un framework qu'ils peuvent juste copier et implémenter*», indiquait déjà Anders Ivarsson, co-auteur du livre blanc de Spotify. Un point intéressant de la critique adressée à Spotify est que l'autonomie des équipes y aurait été trop poussée par rapport à l'attention portée aux processus de collaboration inter-équipes, se traduisant par un chaos organisationnel ingérable dès lors que l'entreprise est devenue une grande organisation.

ainsi de la rapidité et de la souplesse à la structure comme en témoigne ce salarié de l'association Ticket for Change : «*Dans l'asso où j'étais [avant], il fallait souvent attendre que les décisions soient prises au niveau du dessus, ce qui me ralentissait [...]. Toutes les décisions devaient être validées par le CA de l'association, c'était d'une lenteur incroyable ! Ici, je suis super content de voir que je peux proposer des choses, et qu'il suffit d'en discuter durant la semaine pour que je puisse les mettre en œuvre le lendemain*»[26].

Dans la pratique, il existe souvent une combinaison de mouvements descendants et ascendants comme l'illustre le cas de Ticket for Change (voir encadré ci-contre).

L'amplitude des zones d'autonomie pour les différents sujets de décision – pouvant aller de la délégation à la subsidiarité, sur des périmètres plus ou moins larges (opérationnels, organisationnels, stratégiques) avec toutes sortes de gradations intermédiaires (information *a priori* ou *a posteriori* de la hiérarchie) – est évidemment l'un des critères fondamentaux permettant de différencier les organisations.

La définition de ces zones est délicate et nécessite souvent d'entrer dans une expérimentation pour voir de quelles dimensions les équipes veulent et sont capables de se saisir. Il est ici important de rappeler que tous les salariés ne sont pas spontanément désireux d'obtenir plus d'autonomie et d'élargir leur périmètre de décision. Certains la perçoivent comme une contrainte additionnelle n'entrant pas dans le cadre du travail pour lequel ils sont payés, d'autres craignent de ne pas en être capables ou ont simplement perdu l'habitude de prendre des décisions. Chez Renault, comme cela avait aussi été documenté chez Michelin (Pellerin et Cahier, 2019), des top managers indiquent ainsi que, sur le chemin de l'autonomisation, «*il faut d'abord voir quel degré d'autonomie peuvent atteindre les équipes, et donc "contextualiser" l'ambition selon le terrain, puis voir comment cela évolue. Le cadre (*frame*), puis la confiance, se construisent en avançant*[27]». Progressivement toutefois, l'expérience acquise permet aux équipes d'élargir leur périmètre d'autonomie à de nouveaux domaines ou d'approfondir les champs déjà concédés (par exemple : des achats d'un montant de plus en plus élevé).

26. Sauf indication contraire, les verbatim sont issus des études de cas publiées sur le site du CERNA/Chaire FIT2, des comptes-rendus des séminaires «Autonomie et responsabilité dans les organisations», également en accès libre sur le site de la chaire ou encore d'entretiens menés par l'auteure dans le cadre d'une recherche en cours sur TIC et autonomie au travail (à paraître).
27. Séminaire fermé entre managers de Renault, Orange et Michelin, 20 janvier 2022, auquel la chaire FIT² a été invitée.

Ticket for Change et la prise de décision par mouvement descendant et ascendant

Chez Ticket for Change, une entreprise de l'économie sociale et solidaire de 25 personnes organisée en «gouvernance partagée»[28], les décisions stratégiques sont prises au sein du «cercle stratégie». Ce cercle est composé de huit membres représentant chacun une équipe (services support et pôles opérationnels).

L'élaboration du plan stratégique annuel suit un processus ascendant et descendant : à partir des objectifs définis au préalable par le cercle stratégie pour l'ensemble de l'organisation, chaque équipe établit ses propres objectifs. Ces derniers remontent ensuite pour être agrégés au sein du cercle stratégie : «*D'octobre à décembre, chaque équipe doit construire ses objectifs stratégiques pour l'année d'après, et le cercle stratégie doit valider tout ça. Il doit aussi établir le budget, qui est une agrégation du budget de chacune des équipes [...]. En amont, on a défini les objectifs du groupe et on valide que les objectifs définis par l'équipe contribuent aux objectifs du groupe. [...] On utilise le même cadre pour définir ensuite les objectifs individuels.*»

Ce mode de décision que l'on pourrait qualifier de « bidirectionnel » reflète l'application du principe de subsidiarité que l'on retrouve évidemment pour les décisions opérationnelles à tous les échelons de l'entreprise : «*Les décisions chez TfC doivent être prises au maximum par les personnes qui font. Si elles sont en incapacité de prendre les décisions, pour différentes raisons, c'est là que ça remonte un cran au-dessus.*»

L'ouverture de zones d'autonomie va généralement aussi de pair avec l'affirmation d'un droit à l'erreur (au moins en théorie) auquel doit s'ajouter son indispensable corollaire : le devoir d'en tirer des enseignements, dans une logique de *test & learn* (voir encadré ci-après).

Dans la majorité des organisations recensées, le sommet hiérarchique continue cependant de prendre les décisions stratégiques (à l'exception des organisations autogérées). Ce sommet joue aussi un rôle déterminant dans l'impulsion de la transformation organisationnelle et managériale. Ce n'est pas le moindre des paradoxes que la libération de l'entreprise de la hiérarchie passe par la voie

28. Le terme générique de «gouvernance partagée» regroupe plusieurs modes de structuration des prises de décision, et de leur mise en œuvre dans une organisation ou un collectif, visant à réduire ou à supprimer la concentration des pouvoirs entre les mains d'un petit nombre de personnes, pour les répartir parmi celles qui réalisent le travail. Elle n'est pas forcément synonyme de gouvernance horizontale.

hiérarchique… Pour Isaac Getz et Brian M. Carney (2012), la réponse est dans la question : c'est justement parce que l'entreprise est majoritairement hiérarchique à l'origine que seule la figure hiérarchique la plus élevée peut démanteler cette forme organisationnelle, puis devenir « le gardien » de la nouvelle forme (du moins le temps que dure son mandat). Les structures autogérées montrent cependant que ce type de situation paradoxale n'est pas une fatalité : n'importe qui peut décider de créer ou de participer à une structure ahiérarchique, même s'il faut avouer qu'elles sont peu nombreuses et peu visibles.

Le droit à l'erreur chez Lippi

Chez Lippi, fabricant de portails et de mobiliers extérieurs, les salariés ont le droit à l'erreur, mais à certaines conditions :

- ils doivent solliciter l'avis de ceux qui pourraient être affectés ou qui ont une expertise sur le sujet ;
- si l'initiative nécessite un investissement, ils doivent chiffrer le projet et le soumettre à la direction pour validation ;
- si les salariés rencontrent des blocages (personnels ou matériels), les dirigeants et managers sont là pour les accompagner ;
- en cas d'erreur, chacun doit chercher à apprendre de cette erreur plutôt que de blâmer des « coupables ». Une attitude qui encourage chacun non pas à taire ses erreurs mais à les regarder en face pour les arrêter à temps.

Comme en témoigne un salarié : « *L'avantage, chez Lippi, c'est qu'on est capable de se lancer à fond dans une idée, puis de la remettre en cause quand on se rend compte que c'était une erreur* »[29].

29. Cas *Lippi* dans la base des cas de la Chaire FIT[2].

Évolution du rôle managérial : du contrôle à la facilitation

Pour le management, ce type de transformation entraîne une évolution profonde. Pour autant, il ne s'agit pas d'une suppression de son rôle dans la majorité des cas observés. Les organisations qui sont allées dans cette direction radicale, comme la société Mobil Wood, spécialisée dans l'agencement et l'aménagement de magasins en bois[30], ont souvent été amenées à réintroduire le management sous une forme ou une autre, car les nécessités de coordination de l'action demeurent.

C'est plutôt la posture des managers qui est supposée changer radicalement. Le manager doit devenir un guide bienveil lant, rôle souvent synthétisé par les dénominations «manager coach» ou «servant leader» : il ne s'agit plus pour lui de dire aux autres comment travailler, mais de les aider à faire un travail de qualité dans les meilleures conditions et selon leurs propres méthodes. Un changement considérable qui impacte le manager à plusieurs niveaux.

Dans son versant gestionnaire, les fonctions traditionnelles de répartition, de coordination et de planification des tâches qui incombaient au manager peuvent être déléguées au collectif des opérationnels. En revanche, certaines fonctions liées à la dynamique de groupe semblent toujours devoir s'incarner dans un «rôle» managérial.

Ce nouveau rôle recouvre plusieurs facettes. Il s'agit tout d'abord d'assurer la tenue des discussions collectives formelles nécessaires à l'autorégulation de l'activité (répartition, coordination et planification de l'activité, expression et traitement des irritants). Dans le cadre de ces instances, il paraît important de veiller à ce que chacun puisse participer équitablement aux discussions, que des décisions soient prises et qu'elles conviennent réellement à tous. En cas de désaccord, le manager peut alors jouer un rôle de médiateur pour transformer des oppositions frontales en dialogue constructif. En cas d'irritants extérieurs à l'équipe, il peut également participer à fluidifier l'organisation transversale du travail, en levant les obstacles situés aux interfaces de l'activité de son équipe. La logique participative et collaborative s'étend également au-delà des réunions formelles et doit devenir un véritable

30. Compte-rendu de l'audition d'Alexis Nollet et de Matthieu Battistelli, «L'évolution de la fonction managériale chez Ulterïa/ Mobil Wood», 17 novembre 2020, rédigé par Élisabeth Bourguinat dans le cadre du séminaire Autonomie et responsabilité dans les organisations, organisé par la chaire FIT². Accessible en copyleft à partir du site du CERNA/Recherche/Chaire FIT2.

réflexe de travail : il s'agit d'encourager l'entraide et la résolution collective de problèmes au quotidien (qui prennent souvent la forme de la « sollicitation d'avis »). Le manager n'est ainsi pas appelé à jouer un rôle prépondérant dans la résolution des problèmes mais dans la création d'une dynamique sociale propice à faire jouer l'intelligence collective. Il joue donc un rôle de stimulant, en suscitant les initiatives et en aidant les porteurs de nouveaux projets à trouver les ressources dont ils ont besoin. Il s'apparente enfin à un coach interne en aidant chacun à s'épanouir professionnellement et personnellement au regard non seulement de ses aspirations, mais aussi du projet d'entreprise qu'il explique et auquel il ramène l'ensemble des actions (managers porteurs de sens).

Dans les NMMO, les managers (qui souvent ne portent plus ce nom) sont aussi fréquemment choisis différemment de ce qui se faisait par le passé : ils peuvent toujours être désignés par la hiérarchie mais sur la base de « rôles » temporaires et tournants, ils peuvent aussi être cooptés au sein de l'équipe ou encore être élus. Les structures autogérées présentent sur ce point une logique dite d'émergence spontanée. La structure, censée être totalement plate, n'a pas de rôle de manager ni même d'animateur prédéfini. Pour autant, ces organisations ne peuvent aller à l'encontre de lois sociologiques tenaces. Immanquablement, les personnes les plus charismatiques, anciennes, dotées de compétences pointues et très investies en viennent à détenir un pouvoir d'action plus important que les autres. C'est ce que l'on nomme des « leaders naturels » car ils émergent de façon spontanée du fait de qualités intrinsèques, en lieu et place des chefs désignés par une structure hiérarchique sur la base de diplômes ou d'expériences censés garantir ces mêmes qualités. Ces leaders qui s'imposent spontanément peuvent parfois être destructeurs pour le collectif, notamment lorsqu'ils ont le goût de la confrontation et du conflit. Dans d'autres cas, ils peuvent au contraire jouer un rôle constructif quand le surplus de pouvoir d'action dont ils jouissent est considéré comme légitime et ne reste pas figé dans le temps. Certains fondateurs, par exemple, peuvent décider progressivement de se mettre en retrait pour permettre à la jeune génération de déployer tout son potentiel.

Certaines entreprises pionnières témoignent qu'un management sans managers est possible via des formes de leadership distribué à travers toute l'organisation, à condition de s'assurer que soient couvertes les différentes dimensions de la fonction managériale (voir encadré ci-contre).

Comment manager sans managers : l'évolution des rôles managériaux chez Ticket for Change[31]

L'association Ticket for Change, aspirant à un mode de fonctionnement en « gouvernance partagée », a commencé par transformer le poste de directeur général en « lead stratégie » inspiré de l'holacratie : celui-ci est chargé de piloter collégialement la structure avec sept autres personnes, représentant chacune une équipe de travail, élues sans candidat par leurs coéquipiers. Le lead stratégie n'a donc pas un rôle de commandement stratégique mais de médiateur pour le bon fonctionnement du cercle : sa fonction ne consiste pas à prendre les décisions stratégiques mais à faciliter les décisions collégiales. Sa lettre de mission ne fait ainsi état d'aucune tâche décisionnelle. Il « garantit le bon déroulement de la construction stratégique », il « anime », il « impulse », il « covalide », il « suit », il « prépare », il « participe », il « fait le lien » mais jamais il ne décide seul. Ce lead stratégie a été choisi par les fondateurs de l'association mais n'est pas l'un d'entre eux.

Les fondateurs continuent cependant à exercer un rôle de vigie au travers du « comité ADN » afin de s'assurer que l'organisation ne déviera pas de sa mission. L'un des fondateurs est également président du conseil d'administration. Certains ont conservé un rôle opérationnel et peuvent être à ce titre représentants de leur équipe au sein du cercle stratégie, mais tous ne le sont pas.

Les représentants d'équipe siégeant au cercle stratégie incarnent, eux aussi, cette nouvelle forme de management basée sur un leadership d'animation : « *Cela crée une responsabilité d'animation qui, je trouve, crée indirectement une forme de leadership, mais un leadership qui est "au service de". Au sens où il faut être à l'écoute des équipes et savoir prendre leur pouls. Vous êtes aussi porte-parole des membres de l'équipe, puisque vous les représentez, vous avez un rôle d'alerte si quelque chose ne va pas, et vous devez avoir la capacité à détecter et à faire remonter des sujets.* »

Enfin, chaque salarié peut être choisi par un autre comme coach et assure, dès lors, une fonction de soutien au développement personnel et professionnel du collaborateur, mais aussi de détection des signaux faibles en cas de mal-être.

Ticket for Change montre ainsi qu'il est possible de construire des dispositifs de coordination et de régulation permettant l'émergence d'un leadership distribué, sans managers (mais pas sans management).

31. Cas tiré d'un projet de recherche en cours de la chaire FIT² sur les transformations organisationnelles et les outils numériques collaboratifs (à paraître).

Ces transformations appellent ainsi un accompagnement fort des nouveaux « leaders » dans l'adoption de nouvelles pratiques, et surtout de comportements relationnels qui sont loin d'être naturels. Cet accompagnement (formations au développement personnel, au codéveloppement, au coaching d'équipe, à l'animation…) n'est cependant pas systématiquement proposé et explique en partie les difficultés des managers à transformer leur rôle et leur posture.

La transformation du management est aux dires de tous les témoins la question la plus délicate et, de fait, il est fréquent que les managers qui ne souscrivent pas à ces changements finissent par quitter l'entreprise plus ou moins volontairement (voir chapitre 5).

Évolution du rôle des opérationnels : des espaces délibératifs pour réguler le travail

Parallèlement, le rôle des opérationnels est, lui aussi, appelé à évoluer en profondeur : anciennement simples exécutants des directives reçues d'un « responsable », ils participent activement à la gestion de leur activité de travail.

Cette évolution s'accompagne, dans toutes les organisations considérées, du développement de nouvelles instances de délibération collective sur l'organisation du travail pour assurer l'autorégulation des équipes (voir ci-contre). Ces instances sont souvent formelles et très régulières (quotidiennes ou hebdomadaires, plus rarement bimensuelles ou mensuelles) : réunions collégiales et en « comités » pour les structures autogérées, réunions à intervalles courts et réunions d'amélioration continue (dans les modèles lean et agile), réunions de gouvernance et de triage (dans le modèle holacratique), etc. Il est fréquent de constater que le nombre de réunions explose dans ces nouveaux modes de fonctionnement, car les coûts de transaction augmentent (coordination et communication), comme en témoigne cet ancien chef de service d'une grande entreprise industrielle devenu « sponsor » de son équipe passée en holacratie : « *Un aspect négatif de la transformation, c'est qu'il y a des réunions dans tous les sens. On discute, on échange, on arbitre. Avant, seuls les chefs allaient à certaines réunions pour laisser du temps aux gens pour travailler. Aujourd'hui, dans un certain nombre de réunions, pour que les équipes soient "autonomes", on invite tout le monde* ». Cependant, une fois passés les premiers temps de tâtonnement, les effets d'apprentissage permettent de fluidifier et de stabiliser ces nouvelles routines.

Lippi : un système de réunions imbriquées

Chez Lippi, des espaces formels de délibération ont été créés à la suite de la réorganisation des ateliers en lean, sous la forme des réunions AIR (apprentissage à intervalle rapproché). L'objectif est l'amélioration continue des processus à tous les niveaux de l'entreprise. Il existe ainsi quatre niveaux de réunions AIR.

Les réunions AIR 1 ne durent que dix minutes et ont lieu une fois par jour dans les ateliers, ou une fois par faction (période de huit heures) pour les ateliers pratiquant les deux-huit ou les trois-huit.

Les réunions AIR 2, quotidiennes également, réunissent les animateurs de chaque unité de production.

Les réunions AIR 3, hebdomadaires, ont lieu dans les services support de l'entreprise.

Enfin, les réunions AIR 4, mensuelles, sont animées par les dirigeants et ouvertes à tous les salariés. Cette dernière réunion mensuelle est celle où se prennent les décisions les plus importantes concernant l'organisation de l'entreprise.

Cette participation active nécessite un changement de posture professionnelle qui est loin d'être automatique. Certains salariés s'y investissent spontanément et avec enthousiasme. Cette catégorie est majoritaire dans les structures autogérées ou de type « missionnaire »[32] qui sont avant tout composées de personnes cherchant activement ce type d'environnement de travail. Dans les autres entreprises, il y a des enthousiastes, des réfractaires et des suiveurs. Certains salariés souffrent d'un manque d'accompagnement dans cette transition, qui nécessite des compétences particulières, notamment en communication. D'autres, enfin, refusent frontalement ce changement de posture professionnelle et préfèrent se consacrer à l'activité productive. Une réaction d'autant plus légitime à leurs yeux que ces temps de discussion entrent directement en tension avec le temps productif (voir chapitre 6), souvent sans contreparties. Notons avec Weil et Dubey (2020) que l'écoute et la prise en considération de ceux qui manquent d'enthousiasme sont souvent des marqueurs de la qualité de la transformation à l'œuvre.

32. Une organisation de type missionnaire est l'une des cinq configurations organisationnelles définies par Mintzberg. Il s'agit d'une structure dont le fonctionnement repose sur des croyances, une culture et une idéologie communes (ex : une ONG humanitaire).

Le fonctionnement des espaces d'expression, de délibération ou de résolution de problèmes bute donc sur des difficultés récurrentes. Comme le constate le chercheur Matthieu Battistelli dans son étude de la société Mobil Wood : «*Tout le monde ne s'exprime pas facilement en public et tous ne sont donc pas égaux face à la libération de la parole...*»[33]. Dans l'association Pour 3 Points[34], un membre témoigne : «*Ça demande d'avoir des habiletés de prise de parole individuelle, de prise de parole en groupe, des habiletés sur comment gérer les conversations. [...] J'ai l'impression que tout le monde n'a pas les mêmes habiletés là-dessus.*» Et chez Ticket for Change : «*En fait, il y a tout à apprendre : on est huit autour d'une table, c'est énorme. Prendre des décisions à huit, c'est un vrai taf. Il faut apprendre à parler vrai, à savoir dire "non, ce que tu proposes, c'est pas OK"...*».

Ce type de limites avait déjà été souligné par nombre d'auteurs qui se sont intéressés à l'autogestion, comme Henri Lepage (1978) pour qui «l'assemblée générale n'est une procédure "égalitaire" que de façon formelle […] Les individus qui y participent ne sont pas égaux devant la parole, la facilité d'expression, l'art d'animer et de contrôler une réunion». Ainsi, pour Sainsaulieu *et al.* (1981), les organisations «démocratiques» montrent bien que «même si physiquement il y a accès possible aux lieux du pouvoir, en réalité le pouvoir reste inchangé». De même, pour Yvon Bourdet (1970), «ce n'est pas parce qu'on fait partie d'un groupe autogéré ou d'un conseil ouvrier que les superstructures de la personnalité sont *ipso facto* changées, qu'il n'y a plus de timides ni de maladroits. […] On voit bien que le système des conseils, en tant que tel, n'est pas une panacée et même qu'il ne résout, dans l'état actuel de la société, aucun problème capital».

Ces constats soulignent l'importance des actions de formation et également du nouveau rôle attribué aux managers : les premières sont indispensables (mais certainement insuffisantes) pour assurer le développement des compétences communicationnelles et des connaissances techniques éloignées du cœur de métier (comme la compréhension des données financières par exemple) ; les seconds doivent permettre de donner du sens aux données, tout en assurant une participation équitable de chacun dans les instances de délibération collective.

Dans la plupart des cas, les dirigeants vont constater, chemin faisant, que l'auto-organisation des équipes de travail ne s'improvise pas, qu'elle ne s'opère pas par magie

33. Compte-rendu de l'audition d'Alexis Nollet et de Matthieu Battistelli, «L'évolution de la fonction managériale chez Ulterïa/Mobil Wood», 17 novembre 2020, rédigé par Élisabeth Bourguinat dans le cadre du séminaire Autonomie et responsabilité dans les organisations, organisé par la chaire FIT². Accessible en copyleft à partir du site du CERNA/Recherche/Chaire FIT2.

34. Pour 3 Points est une association canadienne qui forme des coachs sportifs à devenir des «coachs de vie» pour accompagner les jeunes issus de milieux défavorisés.

mais nécessite au contraire du temps et de la préparation. Elle suscite donc fréquemment, dans un premier temps, une désorganisation de la production pouvant enclencher des retours en arrière.

Révision des pratiques RH

Le déploiement des NMMO s'accompagne souvent d'une révision assez profonde des pratiques RH, que ce soit en matière de recrutement, de formation, d'évaluation, de mobilité, ou de politique de rémunération.

Recrutement. Comme nous l'avons vu, la fonction de recrutement est assez fréquemment déléguée aux équipes autonomes ou semi-autonomes (aidées par la fonction RH). Quand le recrutement reste dans la sphère de décision des RH, des représentants de l'équipe participent *a minima* au processus et conservent un droit de veto.

Les processus de recrutement

D'une structure à l'autre, le processus diffère mais devient, dans tous les cas, plus collégial.

Dans les petites structures autogérées, tous les membres peuvent être invités à participer au recrutement ; dans les autres, un « comité RH » prend en charge le recrutement ou sélectionne les membres de la structure les plus pertinents en fonction du poste à pourvoir.

Chez Lippi, le recrutement des nouveaux salariés est assuré par un comité dont les dirigeants ne font plus partie. Lorsqu'un service a besoin de recruter, il sollicite désormais la RRH qui va les accompagner en amont du processus (définition de la fiche de poste, rédaction de l'annonce, présélection des candidats). Elle sélectionne ensuite le comité de recrutement, constitué de six salariés issus du service demandeur, mais aussi d'autres services qui seront amenés à travailler avec le futur collaborateur. Elle leur laisse ensuite la main en leur proposant une liste de questions pour structurer les entretiens. Un débriefing collectif permet d'identifier les points forts et les points de vigilance pour chaque candidat. Puis la décision est prise de façon collégiale et au consensus par le comité de recrutement.

À l'usine de Montauban de Cookiz, le recrutement sur les nouvelles fonctions (animateurs d'unité, techniciens de progrès, experts process) était assuré par des comités de recrutement représentatifs de tout le personnel, c'est-à-dire composés de membres de l'encadrement du site (RRH, logistique, qualité), de membres du siège pour les postes en relation avec la direction (DG, conseiller stratégique) et d'ouvriers volontaires.

Au-delà de l'aspect collégial, le recrutement se transforme également sur les critères attendus des candidats. Au lieu de se focaliser sur les seules compétences techniques, on examine aussi la compatibilité du profil avec le projet de l'organisation et avec l'équipe dans laquelle la personne s'insérera (voir encadré ci-après). Chez Lippi, on parle par exemple de « lippitude » (Lippi + attitude) pour caractériser cette compatibilité culturelle : « *Si on a l'attitude mais pas les compétences, ça peut s'arranger, car on peut travailler sur les compétences. En revanche, si on est très compétent mais qu'on n'a pas l'attitude, on devra tôt ou tard quitter l'entreprise.* » Le risque est cependant que cette recherche de compatibilité culturelle se traduise par une perte de diversité cognitive pour l'organisation et par une sorte de « conformisme innovant ». Si l'aspiration à de nouveaux modes de management et d'organisation doit être partagée pour assurer cohésion et implication des membres, ces derniers doivent également avoir des parcours et des expertises variés dont la confrontation constructive permettra de maintenir le dynamisme du processus.

L'importance du profil culturel dans les recrutements

Dans le cas particulier des structures autogérées, les recrutements se font en fonction d'un profil culturel, voire idéologique, plutôt que technique et professionnel : « *Le seul principe qu'on s'était fixé pour le recrutement, c'était l'entrée "autogestion", donc l'adhésion au projet. Si tu ne sais pas écrire, à la limite c'était moins grave que si tu ne portes pas le projet* » (membre d'une coopérative de la communication). À telle enseigne que le recrutement puise souvent dans les réseaux amicaux et militants de ses membres.

L'adéquation entre aspirations individuelles et philosophie organisationnelle est certes moins marquée dans les structures qui ne se revendiquent pas de l'autogestion, mais elle impacte tout de même les recrutements, comme en témoigne le dirigeant de Mobil Wood : « *Quand nous recrutons quelqu'un, nous ne lui demandons pas s'il est passionné par l'écologie ou par les organisations peu hiérarchiques. En revanche, s'il considère que "tout ça, ce sont des conneries", nous respectons son opinion mais nous l'invitons à monter dans un autre bateau.* »

Formation. L'introduction de nouvelles formes de management s'accompagne généralement d'un effort de formation accru. Mais ces dispositifs de formation sont très différenciés d'un cas à l'autre : certaines structures vont privilégier les formations métiers dans un objectif de polyvalence, d'autres vont mettre l'accent sur les formations aux *soft skills* et au développement personnel pour accompagner la transformation des postures attendues. Certaines structures vont utiliser des moyens détournés, comme les formations au numérique, pour soutenir l'autonomisation progressive des salariés. À l'image de cette hétérogénéité de contenus, ces formations peuvent prendre de multiples formes : formelles ou informelles, par des experts, sur le tas ou par les pairs, etc.

Évaluation. Dans les NMMO, le processus d'évaluation est généralement transformé. L'évaluation est souvent continue, ce qui nécessite une montée en compétences dans l'art du *feedback*, que celui-ci soit opéré par le manager ou par les pairs. Les modes d'évaluation sont souvent élargis (360°), combinant l'auto-évaluation, l'évaluation par les pairs, l'évaluation par les clients (pour les professions qui y sont exposées) ; des arbitrages sont ensuite opérés par le manager, quand il existe. Toutefois, l'évaluation par les pairs peut se révéler délicate ou biaisée, par exemple lorsque l'évalué choisit seul ses évaluateurs ou lorsque l'évaluation intègre les questions salariales. Au-delà de l'aspect collégial de l'évaluation individuelle, beaucoup de structures mettent également l'accent sur les performances collectives (de l'équipe, de l'unité et de l'entreprise dans son ensemble), afin de soutenir les pratiques coopératives, le sentiment d'appartenance et de responsabilité collective, en lieu et place de la compétition interindividuelle.

Mobilité. Les organisations « aplaties » ne pouvant pas faire progresser les personnes hiérarchiquement, la montée en compétences et la mobilité doivent être pensées différemment. Elles peuvent être envisagées à travers l'attribution de « rôles » de type managérial ou expert qui sont tournants dans le temps, de manière à ce qu'un maximum de personnes puisse expérimenter ces rôles. Une autre approche consiste à privilégier les mobilités horizontales comme chez Lippi. Dans cette entreprise, 15 % des effectifs changent de poste chaque année, ce qui est considérable. Ces mobilités se font souvent sur des fonctions adjacentes, mais parfois aussi sur des métiers complètement différents. Ainsi, une ancienne hôtesse d'accueil gère aujourd'hui le service clients et une opératrice de l'atelier de fabrication fait désormais partie, elle aussi, du service clients. Ce qu'elle apprécie chez Lippi, c'est justement « *qu'on ne cloisonne pas les gens dans une case. Alors que je venais de la production, on ne m'a pas empêchée d'aller dans les bureaux* ». De même, un opérateur de la logistique a pu, à l'âge de 50 ans, rejoindre l'équipe commerciale.

Les dispositifs d'évaluation collective

Dans les structures autogérées, les pratiques d'évaluation (lorsqu'elles existent) sont le plus souvent collégiales. Dans les débuts de l'entreprise autogérée, il est fréquent que chaque travailleur soit tour à tour évalué par l'ensemble de ses collègues lors d'une réunion : «*Il y a un tour de table où les gens disent tes bons coups et tes mauvais coups.*» Un processus qui peut paraître violent mais qui s'apparente plutôt à une sorte de «*thérapie de groupe*» selon de nombreux témoignages. Ce dispositif collégial devient toutefois impossible à maintenir au-delà de quinze personnes. C'est alors souvent le comité RH qui prend en charge l'organisation des évaluations, en répartissant les membres dans des petits groupes de quatre personnes habituées à travailler ensemble sans pour autant former une «clique». Les groupes se réunissent ensuite en plénière pour partager les bonnes pratiques identifiées, comme en témoigne un salarié d'un café autogéré : «*Avec l'expérience personnelle de nos quatre manières de travailler, on essaie de sortir des conseils pour tous les travailleurs et travailleuses.*»

Mais cette évaluation par les pairs peut aussi être porteuse d'effets pervers.

Ainsi dans ce grand groupe industriel aux méthodes d'évaluation standardisées, permettant une comparabilité et une équité entre les divisions et départements, une entité est passée à titre expérimental en holacratie. Les collaborateurs de ce département sont les seuls à pouvoir choisir librement les interlocuteurs qui ont la charge de les évaluer lors des «comités de feedback», mais cela se traduit par des évaluations globalement très indulgentes : «*Je trouve que ces comités sont un peu le monde des Bisounours. Si quelque chose ne va pas bien, je ne vois pas un pair le dire à quelqu'un du même niveau. Donner des conseils pour progresser se fait bien mais quand ça ne va pas, personne ne donne un avis négatif.*» Ces évaluations indulgentes se traduisent *in fine* par des résultats qui sont tous décalés vers une «haute performance» pour l'entité holacratique par rapport au reste de l'organisation : «*C'est quand même assez surprenant de voir une photo où tous les high performers et high potentials sont au département X.*» Cette surévaluation a été rapidement identifiée par les hauts dirigeants comme une menace à l'équité de traitement et est considérée comme une zone de fragilité de cette transformation. De plus, elle est susceptible d'engendrer de la démotivation dans la mesure où les augmentations de salaire dans l'entité ne pourront pas suivre si tout le monde est considéré comme «exceptionnel».

Politique de rémunération. Dans certains cas, mais qui ne sont pas (et de loin !) les plus fréquents, les équipes peuvent aller jusqu'à décider en autonomie comment elles répartissent les augmentations ou les primes entre leurs membres. La répartition égalitaire des salaires n'existe en revanche que dans les entreprises autogérées. Quant à la transparence sur les salaires, elle est rarissime, excepté ici encore dans les structures autogérées. Lorsque l'entreprise décide d'ouvrir l'information sur le sujet, il n'est pas rare que le collectif se rende compte des profondes inégalités liées aux capacités de négociation de chacun. Ticket for Change a proposé comme alternative d'établir une grille de calcul transparente des évolutions salariales.

Ouverture des systèmes d'information

La délégation ou subsidiarité des prises de décision au plus près du terrain nécessite en contrepartie d'ouvrir les systèmes d'information pour permettre à chacun de disposer des données nécessaires à son action, selon le périmètre d'autonomie laissé aux individus et aux équipes.

La transparence informationnelle qui s'installe progressivement stimule les effets d'apprentissage qui soutiennent directement l'autonomisation des salariés, comme en témoigne un membre de l'association opale Pour 3 Points : «*Le partage d'informations, c'est très, très formateur pour moi. Ça m'apprend énormément de choses, juste de voir comment ça fonctionne. J'ai accès à une compréhension de l'organisation, c'est une mine d'or d'avoir accès à tout ça !*». Au-delà de l'autonomie, la transparence informationnelle est également un gage d'efficience selon ce salarié de Ticket for Change : «*Je trouve que c'est super au niveau efficience et partage d'infos : quand tu as besoin de n'importe quelle info, tu n'as pas besoin que ton collègue soit à côté de toi dans l'open space.*»

Le développement des NTIC participe directement à cette ouverture des systèmes d'information, auparavant centralisés dans les mains de la hiérarchie, comme en témoignent certains salariés d'un cabinet conseil interrogés dans le cadre d'une étude sur les outils collaboratifs[35] : «*Avant, on avait un chef qui décidait et qui maîtrisait l'information. Aujourd'hui, grâce à tous ces outils, tout le monde a l'information.*»

35. Recherche en cours de la chaire FIT² sur les transformations organisationnelles et les outils numériques collaboratifs (à paraître).

Ticket for Change : transparence et régulation informationnelle

Chez Ticket for Change, les outils numériques sont mobilisés au service du modèle organisationnel en «gouvernance partagée». De nombreux outils coexistent (Google Drive et Google Docs, Slack, Klaxoon, Notion, Airtable, WhatsApp, etc.) pour soutenir tant les échanges formels qu'informels et assurer une transparence organisationnelle maximale. Cet idéal de partage de toute l'information a cependant entraîné une surcharge cognitive de ses membres, ainsi qu'une certaine désorganisation.

Le collectif a donc entrepris un lourd travail de structuration de ces outils et de régulation de leurs usages. En conformité avec la philosophie organisationnelle de l'association, ce chantier n'a pas été mené de manière centralisée par un responsable ou un expert SI, mais par un collectif constitué des personnes les plus irritées par les méfaits des outils numériques et ayant le plus d'appétence pour ce domaine.

La transparence quasi totale que peuvent procurer ces outils peut cependant générer de graves dysfonctionnements organisationnels, lorsqu'ils ne sont pas structurés : l'ensemble des acteurs, quel que soit leur statut, croule alors sous un flot d'informations pléthorique et incessant produisant une surcharge cognitive. Il devient alors rapidement nécessaire de réguler les usages et de permettre à chacun d'apprendre à trier et à prioriser l'information utile (voir encadré ci-dessus).

***

En définitive, les pratiques organisationnelles et managériales qui seront impulsées ou transformées dépendent complètement de l'ambition que s'assigne l'organisation. Celle-ci est libre de se positionner entre des formes minimales ou plus ambitieuses d'autonomie et de participation des salariés, en fonction de ses objectifs.

Des modes de déploiement différenciés

Si les récurrences et variations concernent «les objets» (les pratiques managériales et organisationnelles introduites), l'une des grandes différences entre les organisations tient à la manière dont est impulsée et mise en œuvre l'innovation organisationnelle et managériale, ce qui va en définitive grandement influencer sa portée.

Globalement, les méthodes de déploiement peuvent être regroupées en deux grandes catégories qui recoupent en substance la distinction établie au chapitre 3 entre innovation managériale et mode managériale : l'organisation peut soit construire des pratiques propres, nécessitant adaptation, expérimentation, tâtonnement, selon un processus émergent, itératif et un temps long; soit imposer hiérarchiquement des méthodes conçues à l'extérieur, à la manière d'une recette à appliquer, avec mesure rapide des effets du changement. Les résultats souvent insatisfaisants produits par cette seconde voie peuvent alors conduire l'organisation soit à renoncer et revenir à son modèle initial, soit à entrer dans une logique d'essai/erreur et de corrections par tâtonnement qui pourra la mener sur les chemins de l'innovation.

Cette approche binaire doit évidemment être nuancée. Son caractère manichéen est avant tout une aide à la réflexion pour les organisations qui s'aventurent dans des transformations organisationnelles. Il est important de souligner que les approches descendantes (*top-down*) et ascendantes (*bottom-up*) se combinent souvent, sans être antinomiques. L'enjeu essentiel est d'enclencher une co-construction multidimensionnelle capable de tenir compte des besoins, contraintes et aspirations de chacun des niveaux de l'organisation (opérationnels, managers, RH, direction générale), mais également de leur évolution dans le temps, tout en préservant la cohérence des initiatives prises.

Une confrontation plus fine des différentes études de cas qui composent notre panel révèle en réalité quatre processus de déploiement possibles : inventer son modèle de toutes pièces ; copier-coller une recette sans tenir compte des spécificités du terrain ; s'inspirer de différents modèles mais sans travailler leur articulation ; s'approprier plusieurs modèles en travaillant la cohérence globale du système.

Inventer son modèle de toutes pièces

Les organisations autogérées tendent à inventer leur propre modèle chemin faisant, modèle qui évoluera au gré de la croissance. Elles n'ont initialement pas beaucoup de références à se mettre sous la dent (sinon celles d'autres organisations du même type, mais généralement elles tendent à ne pas se « benchmarker ») ; elles s'assurent ainsi de déployer des pratiques qui se veulent complètement originales et seront adaptées aux aspirations de leurs membres, souvent assez marqués idéologiquement. Une étude portant sur quatre organisations autogérées, coopératives et associations (Canivenc et Moreau, 2020) révèle toutefois qu'elles aboutissent à un design organisationnel assez similaire, une fois passé le stade de la dizaine de membres.

Cette manière de procéder fait courir le risque de réinventer la roue, au travers d'un processus chronophage et énergivore qui oblige à tâtonner de longues années et qui peut épuiser les membres.

Copier-coller une recette sans tenir compte des spécificités du terrain

À l'autre bout du spectre, le dirigeant peut se contenter de plaquer sur l'organisation existante un modèle « clés en main », qui plus est de façon brutale.

On en trouve un exemple dans les débuts de la transformation de la société Mobil Wood où les deux repreneurs[36] vont être séduits par la solution proposée par un cabinet conseil spécialisé dans l'holacratie qui leur propose une transformation de l'entreprise en six mois (Battistelli, 2019). Au vu des résultats, ils ont su ensuite tirer parti des limites rencontrées lors de cette première expérience pour poursuivre leur transformation sur des bases plus solides.

La durée très courte sur laquelle cette transformation a été initialement opérée, doublée du manque de préparation des salariés peinant à s'approprier les principes et le vocabulaire parfois abscons de l'holacratie, a entraîné une confusion organisationnelle qui s'est traduite par des problèmes de productivité et de qualité. La transformation a également abouti dans un premier temps à renforcer le clivage entre la production et les bureaux. Progressivement, le climat social s'est dégradé et les retards de livraison se sont accumulés. Les dirigeants ont alors décidé d'aménager les principes holacratiques, en les complétant par des méthodes issues du lean.

Cet exemple montre les limites des recettes clés en main imposées à la va-vite par des consultants, sans tenir compte des réalités du secteur d'activité, des besoins des acteurs et de la culture de l'entreprise. Cette transformation brutale menée sans réelle concertation et co-construction a abouti au retour paradoxal du manager comme figure de commandement et de responsabilité.

Avec le recul, les dirigeants reconnaissent la brutalité du changement qui a été imposé : «*Passer brutalement d'un système pyramidal […] à un système où chacun est totalement autonome n'est pas facile. Cela nécessite beaucoup, beaucoup de temps, sans doute plus d'une dizaine d'années. On nous avait vendu un produit très bien packagé qui devait non seulement faire fonctionner l'entreprise de façon très fluide mais aussi assurer le bonheur des collaborateurs au travail. Je n'irai pas jusqu'à dire que c'était de la fumisterie mais, en tout cas, cette transformation n'a rien eu d'aisé. […] Aujourd'hui, je suis certain que je ferais différemment. Premièrement, je ne m'engagerais pas dans une démarche entièrement packagée, où l'on n'explique rien et où il faut seulement "faire confiance à sainte Constitution*[37]*". Deuxièmement, je n'annoncerais rien à l'avance. Je mettrais en*

36. Les dirigeants de cette société présentent la spécificité assez exceptionnelle de s'être ouverts à un chercheur académique en étant totalement transparents et honnêtes sur leurs tentatives et tâtonnements, et en acceptant de les analyser, là où d'autres organisations se contentent de rapporter leurs «succès» en occultant toutes les difficultés rencontrées.
37. Allusion ici à la Constitution holacratique de Brian Robertson.

place très progressivement l'intelligence collective et la subsidiarité, en formant les gens au fur et à mesure, et un beau jour, il se trouverait qu'on fonctionnerait en holacratie. »[38] Leur conclusion ? « *Il n'existe pas de modèle universel. Ni la SAS, ni l'ESS, ni les Scop, ni les entreprises à mission, ne peuvent convenir à tout le monde. L'idée qu'il existerait un modèle unique peut être satisfaisante pour un dirigeant qui aime tout planifier et a peur de l'incertitude, mais elle est peu adaptée à la complexité du monde.* »

Dans le cas de Cookiz, si le modèle initial avait bien été co-construit dans la première usine de Montauban, le passage à l'échelle du modèle dans les autres sites du groupe s'est fait brutalement et sans concertation. Le groupe a envoyé des intervenants du site de Montauban et des consultants pour aider à la transition, mais la démarche a entraîné un chaos organisationnel occasionnant de fortes souffrances individuelles et collectives, au point que le CHSCT (comité d'hygiène, de sécurité et des conditions de travail) lancera une alerte dans l'usine du Loiret. Le modèle « gagnant » de Montauban était devenu un modèle standard imposé de manière *top-down*.

S'inspirer de différents modèles sans travailler leur articulation et la cohérence globale du système

Nombreuses sont les entreprises qui procèdent par des emprunts à des modèles extérieurs, puis les mélangent avec d'autres techniques et outils (ceux du lean ou des méthodes agiles par exemple), produisant non une hybridation (Halpen, 2020) cohérente et adaptée à l'entreprise, mais une monstrueuse chimère à tête de lion et à queue de dragon. Ainsi, « les salariés français sont souvent confrontés à des incohérences du système et à une accumulation d'outils sans réelle philosophie partagée (perte de sens) » (Montreuil, 2016).

Comme nous l'avons dit, ce phénomène a été particulièrement visible dans les adoptions qui ont été faites du modèle japonais par les Occidentaux, lesquels n'en ont souvent retenu que quelques outils en oubliant la philosophie globale qui les guidait. Comme le soulignent Yvon Pesqueux et Jean-Pierre Tyberghein (2010), « les compréhensions des Occidentaux dans les années 1980 ont pu apparaître quelquefois surprenantes car très réductrices et focalisées sur une ou deux méthodes perçues comme miraculeuses. [...] En une quinzaine d'années (1980-1995), il y a eu une "avalanche"

38. Compte-rendu de l'audition d'Alexis Nollet et de Matthieu Battistelli, « L'évolution de la fonction managériale chez Ulterïa/Mobil Wood », 17 novembre 2020, rédigé par Élisabeth Bourguinat dans le cadre du séminaire Autonomie et responsabilité dans les organisations, organisé par la chaire FIT².

de méthodologies, de méthodes et d'outils d'organisation. Toutefois, peu de schémas d'ensemble ont été proposés».

C'est également le cas de certains «bricolages» conceptuels de grands groupes qui se présentent comme des «hybrides» amalgamant la quasi-totalité des nouveaux modèles de management et d'organisation : Kaizen, holacratie/sociocratie, méthodes agiles, entreprise à raison d'être, tout en les encastrant dans un système pyramidal hiérarchique. Certains salariés les évoquent sous les termes de «*la hiérarchie + les cercles*», d'«*holacratie à la sauce maison*» ou encore de «*gouvernance agile*», mais peu ont l'air de savoir précisément de quoi il retourne. De tels modèles peuvent être soutenus par le *corporate*, mais ils sont rarement obligatoires et chaque entité reste libre de les adopter ou non, ou encore d'en adapter les principes.

S'approprier différents modèles et travailler collectivement leur articulation et la cohérence globale

L'association Ticket for Change aspirait à un mode de fonctionnement en «gouvernance partagée» qui soit en cohérence avec l'impact sociétal qu'elle cherche à avoir : cette «école nouvelle génération» vise à activer les talents au service de la transformation sociale et environnementale de la société. Pour ce faire, elle s'est inspirée de différents modèles (holacratie, méthodes agiles, principes opale) sans chercher à en calquer la totalité à la lettre : elle a puisé les éléments lui permettant de structurer sa transformation tout en expérimentant ceux qui lui paraissaient les plus pertinents par rapport à sa philosophie organisationnelle et à ses impératifs opérationnels. Si Ticket for Change n'a inventé aucun modèle, elle s'est astreinte à chercher de la cohérence dans sa combinaison, et continue à expérimenter et adapter ses pratiques, au fur et à mesure que certains travers ou limites apparaissent.

Ce travail d'appropriation a été effectué collégialement par le biais de réunions en petits groupes (sur une base tournante et volontaire) pour définir les grands principes organisationnels, puis les opérationnaliser. Bien que ce processus de concertation ait pris du temps, il a permis d'assurer son adaptation aux aspirations et réalités de chacun : «*Le fait qu'on ait été tous sollicités dans la construction de ce nouveau modèle, a permis de l'accueillir de la bonne manière. [...] Ça a été amené, construit ensemble. Ça a aussi mis du temps à se faire. Tant qu'on n'avait pas l'accord de toute l'équipe, ça n'a pas été implanté. Tant qu'il y a eu une objection à lever, le projet a été retravaillé pour la prendre en compte.*»

Plus que les types de modèles d'organisation effectivement retenus, ce qui compte ici est de souligner les méthodes employées pour y parvenir, collectivement, à partir du terrain et par essai-erreur dans une logique d'amélioration continue.

Une méthode de transformation : mettre en débat des scénarios d'organisation

Une entité (40 salariés) d'un grand groupe a récemment revu son modèle organisationnel à la faveur de l'arrivée d'un nouveau directeur. Ce dernier a alors confié à une équipe de cinq personnes volontaires la mission de reconcevoir le design organisationnel de l'entité.

Après plusieurs mois de travail, le groupe a abouti à cinq scénarios : une organisation totalement plate avec des rôles managériaux délégués, une organisation plate où le directeur serait appuyé par un directeur adjoint recruté en externe, une solution équivalente mais où l'adjoint serait choisi parmi les équipiers, un modèle similaire intercalant deux managers entre le directeur et l'équipe, une gouvernance partagée organisée en cercles (inspirée de l'holacratie).

Après avoir été validés par le directeur, ces scénarios ont ensuite été présentés à l'ensemble de l'équipe lors d'une séance de « démo » : chacun des cinq membres du groupe de travail s'est attaché à expliquer chaque scénario à ses collègues réunis en sous-groupes, afin de récolter leurs avis, de comprendre les points de blocage et de faire évoluer, le cas échéant, les scénarios en conséquence. Les arbitrages finaux sont revenus au directeur de l'entité, mais rien n'est considéré comme figé et le modèle retenu pourra évoluer si cela semble nécessaire au vu de la pratique.

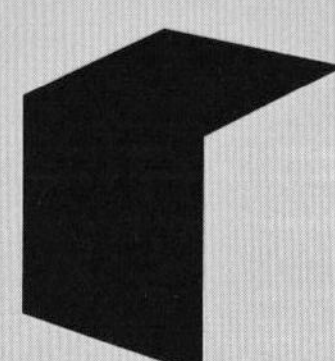

CHAPITRE 5

Limites et points de blocage des NMMO

Dans la grande majorité des cas étudiés, les phénomènes à l'œuvre dans les déploiements comme dans les résultats sont très complexes et vont se heurter à de nombreuses limites. Ces limites et blocages relèvent de deux niveaux : individuel et organisationnel.

Au niveau individuel

Les innovations organisationnelles et managériales peuvent engendrer des réactions individuelles très contrastées.

Résistances, retraits et départs

Le mode de fonctionnement décentralisé et participatif induit par les NMMO peut engendrer chez les salariés de la résistance ou une forme de mise en retrait, pouvant aboutir au même résultat : le départ volontaire. Ces phénomènes « de résistance, d'indifférence ou d'apathie » ne sont pas nouveaux, comme en témoignent les recherches menées dans les années 1980 et 1990 sur les cercles de qualité et autres groupes d'expression (Martin, 1994). Certains salariés ne parviennent pas à trouver leur place dans ces nouveaux modes de fonctionnement. Ne partageant pas le « profil type » attendu, ils rejettent la participation active qui leur est demandée et préfèrent se concentrer sur l'acte productif pour lequel ils estiment avoir été embauchés. Une attitude qui peut leur être rapidement reprochée, créant un climat de tension anxiogène dans les équipes et des situations de souffrance individuelle marquée.

Face à ces situations déconcertantes, Getz, pourtant professeur en psychologie organisationnelle, propose une explication simple, voire simpliste : « Certains salariés [...] ne sont pas prêts du tout à assumer la responsabilité, ils vont dire “ce n'est pas notre job, notre job c'est on nous dit ce qu'il faut faire, on le fait et terminé” [...] il y a des gens, comme il y a des ados, qui ne veulent jamais grandir, ils ont 30 ans et ils vont chercher papa pour qu'il donne des sous, ils vont demander à papa “papa qu'est-ce que je fais ?” »[39].

Si effectivement certains salariés préfèrent un travail sans initiative ni responsabilité, est-ce pour autant toujours le signe d'une immaturité comme le sous-entend Getz ? N'est-ce pas ici partir du postulat arbitraire selon lequel le cinquième étage de la pyramide de Maslow (le besoin d'accomplissement, voir *Guide généalogique et pratique des NMMO*) primerait sur tous les autres ? Face à la précarité et au risque de chômage, Dominique Martin (1994) soulignait déjà dans les années 1990 que « pour beaucoup de salariés, l'expression devient un enjeu secondaire ». En outre, l'accomplissement de soi n'est pas nécessairement du seul ressort de l'activité professionnelle et se réalise également par les loisirs, l'implication bénévole dans des associations, le militantisme, etc. Le manque d'attrait pour l'autonomie au travail ne signifie pas nécessairement que l'individu rejette en bloc toute prise d'initiative et qu'il est donc immature.

Bien d'autres explications peuvent être apportées au manque d'enthousiasme de certains salariés face à ces nouveaux modes de fonctionnement. Les démarches de transformation sont parfois menées de façon brutale : du jour au lendemain, les routines habituelles sont jetées aux orties, laissant les salariés évoluer sans repères dans un environnement rendu anxiogène, tout en étant sommés de poursuivre la production à la même cadence. C'est ce qui s'est passé, par exemple, chez Mobil Wood : « *La transition a été particulièrement dure pour les cercles logistique, expédition, pose. Ils sont en bout de chaîne et ils ont pris tous les problèmes. [...] On ne leur a pas donné d'alternative. Du jour au lendemain, on a enlevé la personne qui était chargée de faire avancer l'atelier sans donner de moyens alternatifs* »[40].

Ces transformations se caractérisent souvent par un manque de moyens accordés aux salariés pour s'approprier leur nouveau rôle : manque de temps, d'information, de formation, d'outils, de budgets, etc. Le tout avec des intentions qui paraissent floues ou sont mal expliquées. En ce sens, « l'injonction d'autonomie est souvent associée à l'injonction d'accepter l'incertitude et de la transformer en norme » (Palmade, 2003), avec des effets étonnants : « Avant, dans un univers traditionnel, les marges de liberté individuelle étaient précieuses et sources de pouvoir. Maintenant, dans un monde du travail radicalement ouvert, libre et incertain, elles deviennent curieusement pesantes, sources de contraintes et de pressions psychologiques fortes »

39. « Travail, tous bienveillants ? » Envoyé spécial, septembre 2016. Accessible sur YouTube.

40. Base de cas de la Chaire FIT².

(Berebbi-Hoffman, 2005). Les employés deviennent alors demandeurs de règles et d'objectifs clairs et limités. Ainsi, comme le note Philippe Zarifian (2006), « la sortie des repères de la période précédente de la condition salariale est difficile. Elle peut entraîner, paradoxalement, bien des nostalgies concernant la société disciplinaire », amenant les salariés à demander un retour de la hiérarchie.

Le manque d'accompagnement est fréquent. Tout se passe comme s'il suffisait de décréter l'autonomie pour qu'elle advienne, comme s'il suffisait de mettre des gens dans une salle de réunion une heure par semaine pour que la magie opère. Mettre en place des instances de concertation et de délibération collective part d'une intention louable mais qui est loin d'être suffisante pour assurer une réelle participation de tous. Ces instances ne résolvent en rien les inégalités culturelles et psychosociologiques des membres qui se cristallisent notamment dans les échanges verbaux. Nombre d'entreprises butent ainsi sur l'incapacité des acteurs à changer de posture professionnelle. Mais ce n'est pas forcément le fait d'une attitude réfractaire : nombreux sont ceux qui doutent de leurs capacités et ne souhaitent pas supporter l'angoisse qu'impliquent l'expression ou les prises de décision, d'autant plus si on leur donne un « droit à l'erreur » purement déclaratif.

L'absence de contreparties offertes par l'entreprise peut également expliquer le refus d'assumer une charge de travail et une charge cognitive supplémentaires. Ce phénomène avait déjà été souligné par Martin (1994) : « La contradiction majeure des politiques de participation manipulatoire réside dans l'illusion que l'on peut durablement mobiliser les salariés comme acteurs sans leur offrir de contreparties. » La contribution active apportée à la transformation s'accompagne rarement d'une augmentation de salaire ou de primes, alors même que les salariés récupèrent des tâches additionnelles, y compris certaines anciennement dévolues à l'encadrement. « En ce sens, beaucoup de politiques dites de modernisation ne servent qu'à mobiliser les salariés pour les faire travailler davantage, sans aucune garantie de la sécurité ou de la progression de la carrière » (Martin, 1994).

Les salariés sont rarement dupes et certains perçoivent très bien les pratiques manipulatoires qui se cachent derrière les discours enchanteurs, consistant à les faire participer à leur propre aliénation. Selon le climat de l'entreprise et l'état du dialogue social, les représentants des salariés peuvent contribuer à renforcer la méfiance entre les parties. La seule option semble alors être le retrait : « à la manipulation, les acteurs de base opposent ainsi le contre-pouvoir de la force d'inertie » (Martin, 1989).

Les cadres supérieurs et intermédiaires ne sont pas en reste. Ce sont souvent les plus nombreux à s'opposer à la « libération » de l'entreprise (voir encadré ci-dessous). Leur résistance n'est pas seulement naturelle, elle est rationnelle car leur place dans l'entreprise transformée est réellement menacée. Tout comme les opérationnels, ils ne sont souvent pas assez accompagnés et ont le sentiment justifié d'être mis de côté autant lors de la décision (qui relève du ou des dirigeants) que de l'implémentation (quand elle est mise en œuvre par des consultants extérieurs).

Le départ des managers

Même si la « libération » du site de Montauban de Cookiz est considérée comme une réussite, Hélène Picard note les nombreux départs « volontaires » qui ont eu lieu au début du processus, notamment chez les « chefs ». Sur les 27 encadrants du site de Montauban, 18 ont démissionné. Pour Picard (2015), ces auto-exclusions peuvent être lues comme une ultime manière d'exprimer un désaccord qui ne trouve pas sa place dans la discussion. Elles montrent ainsi les difficultés du management « libérateur » à tolérer des discours différents de celui attendu, notamment les critiques et les vécus difficiles.

Chez Lippi, les nouveaux dirigeants ont, dès leur entrée en fonction, nommé des directeurs à toutes les fonctions clés pour structurer cette entreprise familiale. Mais, avec la transformation organisationnelle, 80 % d'entre eux sont partis, ainsi qu'un grand nombre de managers intermédiaires. Les dirigeants distinguent ici différents types de profils : « *Certains ont estimé que cet environnement de travail ne leur convenait pas et sont allés s'épanouir ailleurs. D'autres sont partis en nous traitant de salauds* », raconte Frédéric Lippi, qui souligne que « *le mode de gestion collaboratif est clairement plus "abrasif" qu'un système classique* ».

Chez Michelin, « *10 % des chefs d'équipe ont préféré redevenir agents de fabrication plutôt qu'entrer dans la logique de responsabilisation de leurs équipes. Pour ne pas leur faire perdre la face, nous leur avons proposé de devenir correspondants qualité, ou encore correspondants techniques* »[41].

41. Compte-rendu de l'audition de Sarah Miller, « Excellence opérationnelle et responsabilisation chez Michelin », 29 avril 2021, rédigé par Élisabeth Bourguinat dans le cadre du séminaire Autonomie et responsabilité dans les organisations de la chaire FIT².

Dans la majorité des structures, qu'ils soient cadres ou opérationnels, ceux qui ne parviennent pas à trouver leur place sont souvent exclus ou s'auto-excluent. La pression exercée pour participer et modifier sa posture professionnelle se double d'une injonction difficile à combattre, en particulier dans les entreprises libérées : comment être *contre* une « libération » ? Toute forme de critique devient difficile et, quand elle s'exprime, elle est rapidement cataloguée comme une tendance conservatrice archaïque ou comme une inaptitude à être autonome. Les salariés font face à une communication que l'on pourrait qualifier de « tronquée » : un droit de communication est donné et simultanément refusé lorsque les propos tenus ne s'alignent pas sur la stratégie des dirigeants et l'enthousiasme attendu, générant une profonde souffrance.

La montée des RPS

En sens inverse, certains salariés s'engagent avec enthousiasme dans l'aventure au prix d'un surinvestissement porteur ici encore de risques psychosociaux majeurs. L'un des points communs aux NMMO est en effet d'élargir et d'enrichir le travail des salariés, désormais encouragés à prendre des décisions dans le cadre de leur activité quotidienne, et à participer activement à des instances collectives et parfois à des activités transverses. Ce qui induit une intensification de la charge de travail et de la charge cognitive. La dimension « missionnaire » de certaines organisations peut encore aggraver le phénomène de surinvestissement, favorisant une forme de soumission « librement consentie » (Joule, Beauvois, 1998) à l'idéologie commune (la « bonne cause », Cottin-Marx, 2021).

Surinvestissement et épuisement dans les structures autogérées

Le fonctionnement alternatif de ces organisations recoupe parfaitement les aspirations sociopolitiques des membres qui s'y investissent dès lors corps et âme. Au prix souvent d'une implication démesurée, notamment à la création : « *C'est sûr qu'au départ quand on a commencé on était là cent heures par semaine* », « *Je dirais que moi j'ai donné un ou deux ans de bénévolat [pour cette association] puis après je faisais encore la moitié de mon temps en bénévolat* ». Une partie du temps passé au travail par les salariés s'apparente, en effet, à du bénévolat et perdure par la suite, allant jusqu'à s'institutionnaliser dans certaines structures où il est cependant perçu comme juste car idéologiquement motivé : « *On s'auto-exploite mais c'est consenti. Dans la mesure où c'est ta propre entreprise, tu travailles mille fois mieux, tu y mets mille fois plus de cœur.* »

Les «surinvestis» semblent accepter l'absence de contreparties comme une forme de compromis social acceptable : davantage de travail sans augmentation de salaires, en échange de moins de contrôle et d'abêtissement (Weil, Dubey, 2020). Certains espèrent également être repérés en tant que leaders et monter ainsi en grade et en salaire.

Les réactions individuelles se polarisent donc sous deux formes contrastées : «le repli sur soi [ou] l'activisme forcené» (De Gaulejac, 2005). Ces deux cas de figure entretiennent un point commun : la montée des risques psychosociaux tels qu'anxiété, stress, surcharge cognitive, sentiment d'isolement, désarroi émotionnel…

Mais au-delà des réactions individuelles, les processus de transformation organisationnelle, impliquant une perte au moins momentanée des repères habituels, sont en eux-mêmes vecteurs de stress.

Une perte de repères anxiogène

À l'association Pour 3 Points[42], la transition vers un nouveau modèle d'organisation opale a entraîné une situation anxiogène liée à la perte des repères habituels : de nouvelles routines doivent être co-construites progressivement, ce qui prend du temps et entraîne un flou organisationnel qui plonge certains dans le malaise, comme en témoigne un membre : «*Je ressens un malaise en ce qui a trait à la structure, de comment je pense que ça devrait fonctionner. […] Qu'en est-il de mes tâches ? Qu'en est-il de mes forces ? Qu'en est-il de comment on évalue mes forces ? Pour moi, tout ça n'existe pas, en fait*», «*quand il y a des nœuds comme ça […] on se sent seul à le vivre*».

Et, pour certains, les instances d'expression et de négociation en place ne sont pas suffisantes ni même adéquates face à ces sujets : «*Pour l'instant, il n'y a pas d'espace pour permettre aux gens d'adresser un enjeu personnel par rapport à comment ils vivent leur travail… c'est plutôt absent. […] Là, aujourd'hui, on ne sait pas trop vers qui se tourner.*»

42. Rapport «d'apprentissages» de Sonia Lefebvre, Vers un modèle de gestion en pouvoir partagé, L'expérience de Pour 3 Points, 2020. Ce rapport ne reflète plus l'état actuel de l'organisation.

La dislocation des collectifs chez Cookiz

La «libération» du site de Montauban étant considérée comme une réussite, les dirigeants du groupe vont tenter de la généraliser aux autres sites du groupe acquis en 2005 (Bretagne) et 2008 (Loiret). Sur le site du Loiret, face à une équipe dirigeante réfractaire, le groupe va imposer le modèle de Montauban. Un nouvel «animateur» de site est recruté pour remplacer le directeur historique, mais entre-temps l'écart s'est creusé entre ceux qui s'investissent dans de nouvelles missions et ceux qui sont avant tout là «pour bosser» et qui ont du mal à trouver leur place. La polyvalence et les nouvelles responsabilités demandées entraînent stress et surcharge de travail en plus d'une baisse de la qualité des produits qui frustre les ouvriers. L'encadrement semble ne pas vouloir entendre ces discours jugés non constructifs car sans rapport avec l'objectif central, à savoir l'amélioration continue et l'innovation, comme en témoigne douloureusement une salariée du Loiret : «*Tu as l'impression au fond qu'on ne voit pas ce que tu fais, que c'est comme si tu ne faisais rien... [elle pleure].*» Le climat social se dégrade. Les agressions verbales ne sont pas rares du fait de l'absence de médiation et de la désagrégation des équipes. Comme le souligne Hélène Picard (2015), «des petits groupes se forment avec des rivalités entre eux, ils se pourrissent la vie». Le CHSCT va alors exercer son droit d'alerte, craignant une montée des risques psychosociaux.

La montée des RPS peut être aggravée par la déstabilisation des collectifs de travail qui offraient auparavant une zone de repli, de reconnaissance et de soutien face à la hiérarchie. Mais qu'arrive-t-il quand il n'y a plus (ou moins) de hiérarchie? Ainsi que le soulignent Chabanet *et al.* (2017), «l'assouplissement des règles hiérarchiques et l'émancipation des agents multiplient en effet les risques de conflits, alors même que les procédures de commandement et de contrôle s'effacent». Comme le disaient déjà Danièle et Robert Linhart (1989), «loin d'être fédérative, la dynamique même du changement de la situation de travail divise et oppose».

Au niveau organisationnel

Les limites que rencontrent les NMMO ne s'arrêtent cependant pas aux réactions individuelles. Des difficultés organisationnelles peuvent aussi venir bloquer leur déploiement et leur pérennisation.

Temps délibératif *versus* temps productif

Comme nous l'avons vu, l'une des récurrences des NMMO consiste à déployer des instances de délibération. Y participer prend du temps, souvent au détriment du temps consacré à l'activité de travail (sans quoi, le surtravail est au rendez-vous). Cela peut expliquer en partie le manque d'implication de certains salariés dans ces instances comme le souligne le chercheur Matthieu Battistelli à propos de Mobil Wood : «*La plupart [des ouvriers] sont mal à l'aise ne serait-ce que pour participer à une réunion. Il faut aller les chercher pour les faire venir, et ils repartent dès que c'est fini, car ils savent que leur absence va forcément désorganiser un peu l'atelier et que le travail va prendre du retard*». Ce constat a aussi été fait par le psychologue du travail Jean-Yves Bonnefond (2019) concernant les UET (unités élémentaires de travail, application des équipes semi-autonomes dans les usines Renault) : «La question du dialogue sur le travail et du temps à y consacrer entre directement en conflit avec la productivité formelle.»

Ce temps délibératif n'est pas toujours bien pris en compte dans le temps de travail prescrit. Non seulement la charge de travail réelle et ressentie[43] s'alourdit, mais en outre ces pratiques viennent souvent désorganiser la production, affectant ainsi la productivité. Des constats de ce type, quand ils sont opérés par les dirigeants, peuvent rapidement conduire à une remise en cause du choix arrêté en faveur du modèle alternatif, sans lui laisser le temps de déployer plus avant ses effets.

Les effets de croissance

La taille des groupes, communautés, cellules, etc., influence souvent directement les possibilités techniques d'une organisation participative. Au-delà de dix personnes, les réunions se prolongent au point de devenir indigestes ou alors elles se multiplient à l'infini au détriment de l'activité productive. Le design organisationnel, quant à lui, se complexifie et devient tout aussi indigeste : la structure devient de plus en plus complexe à comprendre et lourde à gérer avec un fort risque de bureaucratisation (voir figure 5.1).

Certains auteurs ont tenté de déterminer plus précisément cette taille critique au-delà de laquelle la capacité d'auto-organisation et la prise de décision collégiale deviennent laborieuses. Dans le champ de l'autogestion, Daniel Mothé (1980), s'appuyant sur les travaux de psychosociologues, fixe la limite à une vingtaine de personnes. Passé ce seuil, les communications entre tous les participants deviennent «mathématiquement impossibles», les prises de décisions sont de moins en moins collégiales et efficaces. De même, Outrequin *et al.* (1986) fixent la barrière à «15-20 salariés.

43. En ergonomie, on distingue le temps de travail prescrit (par le management au travers des plannings par exemple), le temps de travail réel (c'est-à-dire le nombre d'heures réellement effectuées pour accomplir les tâches confiées) et le temps de travail ressenti (qui intègre la charge physique et cognitive induite par les tâches).

Figure 5.1 – Risque de bureaucratisation dans une entreprise autogérée

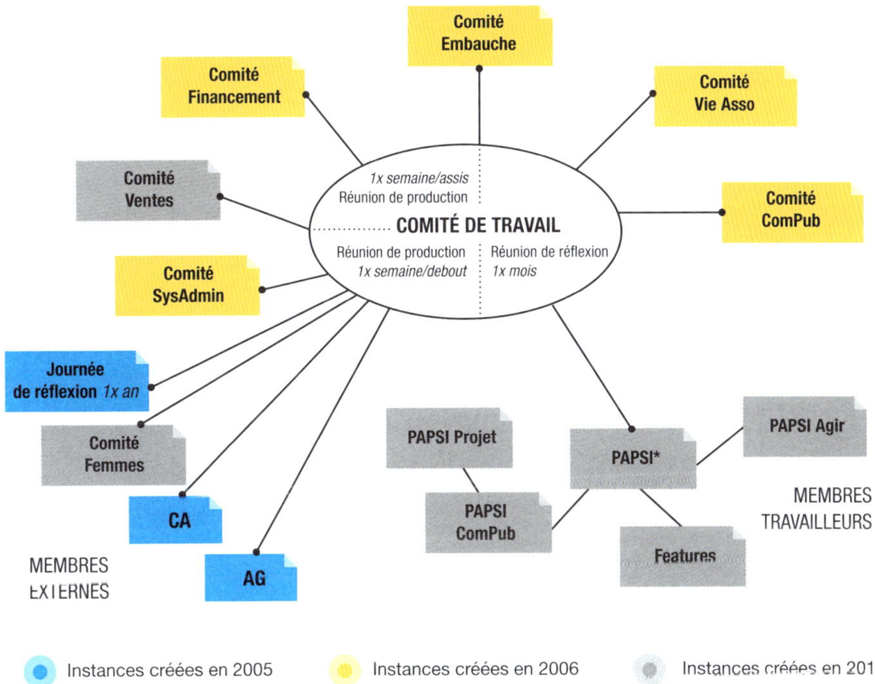

*Source : Canivenc, S. (2011). *PAPSI : Programme d'Appui au Passage à la Société de l'Information.*

Au-delà de ce palier, une nouvelle organisation du travail s'impose, distanciant davantage la direction des différentes tâches d'exécution». Albert Meister (1974), s'appuyant quant à lui sur les travaux issus de la sociométrie, est encore plus directif puisqu'il fixe la limite à douze. Chez Amazon, Jeff Bezos a popularisé l'idée que la taille idéale d'une équipe est celle qui peut être nourrie par deux pizzas (géantes) sans qu'un chiffre précis ne soit avancé.

Les effets d'emboîtement d'une entité plate dans une structure hiérarchique

Dans les grands groupes, il n'est pas rare que certaines entités soient autorisées (voire parfois encouragées) à expérimenter des fonctionnements alternatifs au reste du groupe, avant d'envisager un éventuel passage à l'échelle. Midler (1986) appelle joliment ces expérimentations «la dialectique de la bureaucratie et de la mode». L'innovation portée par la mode est mise temporairement entre parenthèses des contraintes de la bureaucratie.

Des dissonances aux interfaces

Le directeur d'une entité (60 personnes) au sein d'une grande division d'un groupe industriel a proposé de s'organiser en holacratie avec des «villages» (équipes composées de cinq ou six métiers), des «hameaux» (instances de discussions entre collègues du même métier), des connecteurs entre les «villages» (correspondant à des fonctions transverses), des managers-coachs choisis par les équipiers (pour aider les collaborateurs et non plus pour gérer l'opérationnel) et des sponsors de village (qui ont un rôle de support des équipes sur le plan opérationnel). Chaque village est responsable de ses résultats opérationnels. Cette expérimentation a été validée et soutenue par la hiérarchie, puis mise en œuvre.

Les membres des villages sont désormais dépositaires d'un «rôle» et non plus d'un échelon hiérarchique. Dans cet univers industriel à forte tradition hiérarchique, cela ne manque pas de poser plusieurs problèmes aux interfaces. Les directeurs des autres unités n'ont l'habitude de parler qu'à des directeurs. Soit ils court-circuitent le nouveau «rôle» délégué et continuent de s'adresser à celui qu'ils considèrent comme leur homologue ; soit les «villageois» n'arrivent pas à obtenir de réponses à leurs questions, parce qu'ils ne sont *que* des «villageois» : «*Les interfaces se gèrent quand même à un niveau élevé.*»

Les principes de fonctionnement de l'entité réformée ne sont ni bien connus, ni bien compris à l'extérieur. Certains vont jusqu'à considérer qu'il s'agit d'une «secte» d'où certains mots sont proscrits («chef» ou «manager») : «*Il y a beaucoup de monde qui n'a pas compris notre organisation*» reconnaît un membre de l'entité réformée Une meilleure communication auprès des directeurs aux interfaces paraît donc être une étape préalable indispensable. De même faudrait-il inclure dans «les cercles» des «externes» des autres services pour fluidifier la communication, mais cela ne se fait pas spontanément : «*Ils se disent qu'on ne fait pas partie de leur organigramme, et qu'il ne faut donc pas nous intégrer à leurs rituels.*» Le syndrome du «eux» et «nous» se renforce.

La gestion des carrières est également compliquée. Selon le système RH du groupe, le niveau de responsabilité d'une personne se mesure au nombre de personnes qu'elle encadre. Comment dès lors valoriser des «rôles» (manager coach, animateur métier, facilitateur), quand seul celui qui encadre est reconnu par les RH dans le programme de valorisation et de promotion ? Les personnes passant par cette entité pourraient voir leur carrière pénalisée. D'ailleurs, lorsque la transformation avait été soumise aux instances représentatives du personnel (IRP) pour validation, celles-ci avaient indiqué que l'entité «*devait rester en conformité avec les standards d'entreprise*».

Enfin, si la performance «business» n'a pas du tout été dégradée par la nouvelle organisation, la mesure annuelle de l'engagement des collaborateurs pour cette entité ne fait apparaître aucune progression, voire une légère détérioration sur certaines dimensions, par rapport au reste de l'entreprise.

Compte tenu de la complexité qu'il fait ressortir, ce type d'organisation reste très fragile et tient essentiellement à la volonté des personnes qui sont à la tête. Dans ce cas particulier, le modèle, encore récent, n'a pas fait tache d'huile par effet de contagion spontanée, et le passage à l'échelle pourrait donc être compromis, en dépit de la satisfaction exprimée individuellement et collectivement par la plupart des membres de l'entité.

Toutefois, pour l'entité en question, les difficultés propres à sa transformation (qui sont les mêmes que pour une structure indépendante) sont ici aggravées par son emboîtement dans une structure hiérarchique aux procédures standardisées qui entrent en contradiction avec les principes gouvernant désormais l'entité réformée. Les systèmes dits de *hiérarchie + cercles* révèlent ainsi des dissonances particulièrement aiguës, notamment aux interfaces entre l'unité réformée et le reste du groupe. Les membres doivent intérioriser deux jeux de règles concomitantes : celles qui gouvernaient leur ancienne organisation et qui sont toujours d'actualité pour les aspects macro, et les nouvelles pour les aspects micro. On retrouve ici la difficulté à effectuer une véritable transformation organisationnelle en se limitant à un changement de type 1 sans changement de type 2 (voir chapitre 3).

La bienveillance du reste de l'organisation vis-à-vis des nouvelles règles du jeu de l'entité en transformation n'est souvent que temporaire ; il n'est pas rare qu'elle soit accusée du « syndrome du village gaulois », consistant à développer des références propres en contradiction avec le fonctionnement dominant et vectrices de désorganisation. L'innovation organisationnelle est ainsi jugée à l'aune des règles dont elle essaie précisément de se défaire. Il devient alors aisé de conclure que « ça ne marche pas » et de détricoter ce qui vient d'être créé.

La dégénérescence des innovations organisationnelles

Les nouveaux modèles semblent fréquemment voués à dégénérer, comme l'a bien montré Meister (1974) pour les associations autogérées. Ces dernières semblent passer par quatre stades successifs.

1. La phase de la « conquête » marquée par l'enthousiasme général et la cohésion du collectif.

2. La phase de « consolidation économique » où la survie économique de la structure et les influences extérieures obligent à adopter des méthodes de gestion plus « rationnelles » et où certains acquièrent une place centrale, notamment les fondateurs et les membres les

plus charismatiques au détriment des plus jeunes ou plus timides. À cet écart générationnel s'ajoutent progressivement des conflits idéologiques entre « militants » de la première heure et « gestionnaires » lucides.

3. La phase de la « coexistence » marque le renoncement définitif aux idéaux démocratiques originels et la montée de la « démocratie déléguée ».

4. L'ultime phase, celle du « pouvoir des administrateurs » fait définitivement évoluer l'organisation vers une structure hiérarchique et pyramidale.

Ce mouvement dégénératif ne semble toutefois pas être propre aux organisations autogérées et se retrouve dans d'autres structures. Ce phénomène avait, en effet, déjà été identifié au travers du phénomène « d'essoufflement » qui a caractérisé les cercles de qualité et les groupes d'expression directe en France (Chevalier, 1989). On semble ainsi faire face à une loi sociologique selon laquelle l'expérimentation organisationnelle subit toujours une dérive, la ramenant aux formes organisationnelles traditionnelles que l'on cherchait pourtant à dépasser. Il est donc essentiel de rester vigilant face à cette tendance souvent inconsciente d'un éternel retour en arrière.

Au-delà de ces forces inconscientes, des changements de dirigeant, d'actionnaires, des résultats économiques défaillants, peuvent conduire à un abandon volontaire du modèle (voir l'exemple de Cookiz en encadré).

L'abandon du modèle « libéré » chez Cookiz

Six ans après avoir entamé le processus de libération, la direction du groupe Cookiz est à la recherche de nouveaux investisseurs pour reprendre l'entreprise. Un fonds d'investissement se porte acquéreur en avril 2014 : sa proposition est acceptée à condition que le système de management soit valorisé et maintenu après le rachat. Toutefois, en 2016, le fonds remplace le directeur de groupe et fait cesser l'expérience de libération pour fusionner Cookiz avec un autre groupe spécialisé dans la gaufre, afin de créer un nouveau leader européen de la biscuiterie.

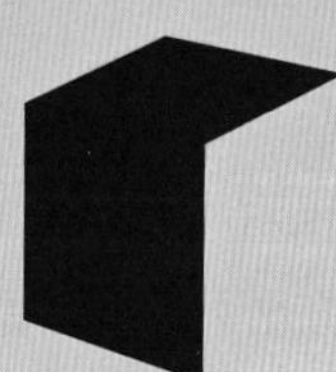

CHAPITRE 6

Déploiement des NMMO : principes d'action et points de vigilance

Pour guider au mieux le déploiement des NMMO au sein des entreprises à partir des éléments d'analyse précédents, et notamment des points de blocage identifiés, ce chapitre se concentre sur quelques principes qui peuvent guider l'action, lors du lancement et du déploiement, ainsi que sur les points de vigilance à garder en tête dès le démarrage, mais aussi à plus long terme.

Quelques principes d'action

Commencer par la tête

Les travaux de Getz et plus largement la littérature consacrée aux entreprises libérées se focalisent souvent sur la figure du dirigeant et l'évolution qu'il doit lui-même vivre avant toute transformation organisationnelle. Si d'autres auteurs ont montré que cette condition n'était pas suffisante pour garantir la transformation (Weil, Dubey, 2020), l'impulsion du dirigeant à la démarche reste le plus souvent nécessaire. L'instance dirigeante doit être profondément convaincue, sans quoi la démarche ne pourra pas s'enclencher ou cessera à la première occasion. Quand l'instance dirigeante la porte activement et montre qu'elle change elle-même de posture, c'est un signal essentiel dans la construction de la confiance avec les équipes.

Weil et Dubey (2020) proposent d'inciter le ou les dirigeants à clarifier « dès le départ ce qui est ouvert à la concertation et ce qui est exclu », et ce sous forme de « zones bleues » et de « zones rouges » (cette distinction doit cependant rester évolutive pour pouvoir ouvrir d'éventuelles zones rouges à la concertation au fur et à mesure de la démarche d'innovation). Cette clarification explicite assurera l'authenticité d'une démarche qui, à défaut, pourrait être perçue comme hypocrite (par exemple, laisser croire que tout le monde aura le même pouvoir de décision). Plus important encore, les membres de la direction doivent ensuite « lâcher prise » sur lesdites zones bleues, en évacuant le territoire de la décision, une étape qui est souvent très difficile pour un dirigeant. Comme l'explique l'entrepreneur québécois Steve Bussières, cité par Weidmann *et al.* (2019) : « *Il faut l'avoir dans les tripes, sinon, au premier problème, le patron va court-circuiter les canaux établis pour décréter : "On fait ça de même !". Il faut faire confiance, laisser apprendre, il faut vivre avec le fait que d'autres jouent avec ton argent. Il faut que ça déstabilise. Ça va très au-delà de la simple délégation de pouvoir* ».

Un accompagnement personnalisé par un coach aguerri et rompu à ces questions pourra se révéler très utile comme en témoigne Florent Menegaux, président de Michelin, engagé dans une démarche d'autonomisation au sein du groupe : « *Tous les membres du Comex sont coachés individuellement, moi compris. Et nous sommes également coachés de manière collective. Nous travaillons maintenant cette question avec le top 100 de l'entreprise pour inciter progressivement chaque manager, chaque entité, chaque personne à s'en emparer. Un travail sur soi est nécessaire* » (Chaire FIT[2], 2021).

Toutefois, la mise en retrait du dirigeant ne doit pas devenir un abandon ni un mutisme. Les personnes ont besoin de soutien pour décider en autonomie et ce soutien se traduit d'abord par la mise à disposition de toute l'information utile, puis par un dialogue.

Diagnostiquer les points d'appui et les freins dans la culture de l'organisation

En cas de transformation organisationnelle et managériale d'une entreprise déjà existante, il semble important de comprendre ses caractéristiques organisationnelles et culturelles pour adapter le processus aux spécificités de la structure et s'appuyer sur ses points forts. Par exemple, la culture des entreprises industrielles, très fortement imprégnée de hiérarchie, invite à ne pas adopter brutalement un modèle alternatif trop radical et à conserver un rattachement hiérarchique clair. Une culture de l'excellence opérationnelle visera notamment à ne pas déstabiliser les processus qualité lors de sa transformation. Il serait illusoire de croire que l'on peut manipuler une culture d'entreprise à sa guise, comme n'importe quel outil de gestion. Comme le dit l'adage : « On ne manage pas la culture d'entreprise, on manage *avec* la culture d'entreprise. »

Ce diagnostic culturel ne doit pas être construit « en chambre » par des experts, mais impliquer au maximum les acteurs dont on pourra ainsi analyser les divergences de vues qui cachent souvent d'importants enjeux internes à prendre en compte. Dans le cas d'une multinationale, il sera également important de comprendre les cultures nationales propres qui peuvent venir freiner les déploiements, par exemple avec le concours des travaux de Geert Hofstede.

Pour effectuer ce diagnostic, on pourra s'inspirer de toutes sortes de classifications et de méthodes : les configurations organisationnelles de Henry Mintzberg (1981), les conventions de GRH de François Pichault et Jean Nizet (2013), les styles de management de Kurt Lewin (1939) et Rensis Likert (1961), l'analyse stratégique des jeux d'acteurs de Michel Crozier et Friedberg (1977), ou encore le sociogramme de Jacob Levy Moreno (1934).

L'ensemble de ces éléments permettront de comprendre comment les pratiques en vigueur font système et, en conséquence, quels sont les obstacles et leviers à prendre en compte lors du déploiement des NMMO.

Expérimenter à petits pas

Comme nous l'avons souligné, une innovation organisationnelle et managériale se démarque d'une mode par son côté émergent et expérimental invitant à ne pas copier-coller une solution inventée par d'autres. Nous souscrivons pleinement aux analyses d'Ibrahima Fall (2019) selon lesquelles toute démarche réellement innovante nécessite de faire le deuil une fois pour toutes du « mythe de la solution : la solution n'existe que pour un problème technique ou mathématique, jamais pour un problème managérial ou [un problème] politique pour lesquels il faut un règlement dont les instruments sont la négociation et le compromis ». Autrement dit, l'enjeu n'est pas de proposer une solution toute faite imposée de manière *top-down* mais de trouver sa propre voie, celle-ci ne pouvant émerger que par la discussion collective à travers des espaces de dialogue qui jouent un rôle central dans ce processus.

Dans une de ses récentes publications sur les nouvelles formes d'organisation du travail, l'Anact[44] invite avant tout à « expérimenter » : « Chaque entreprise étant singulière et unique, et évoluant dans un contexte mouvant et incertain, il est fondamental de savoir adapter et prendre une certaine distance vis-à-vis de ces modèles "clés en main" [les modèles théoriques, ndlr]. Il s'agit alors d'expérimenter, de se donner le droit à l'erreur et au retour en arrière si nécessaire, d'avancer en "crantant" des étapes d'évaluation pour mesurer les effets positifs comme négatifs au fur et à mesure du déploiement de l'organisation participative, à partir des retours d'expérience du travail dans des

44. Agence Nationale pour l'Amélioration des Conditions de travail.

contextes spécifiques» (Anact, 2021). Les conclusions des travaux de Weidmann *et al.* (2019) vont dans le même sens : «Pour être couronnée de succès, la transition vers l'autonomie doit procéder par étapes et impliquer l'ensemble du personnel. Une gestion prudente du changement est de mise, quitte à revenir en arrière, à redéfinir les pratiques, voire à retarder leur mise en œuvre au besoin. Dans tous les cas, le choix d'une méthode préexistante ne s'avère pas productif». Cette logique d'expérimentation avec une visée d'amélioration continue permet justement de contrer les phénomènes de dégénérescence pointés au chapitre 5. Elle est évidemment plus facile à mettre en œuvre dans le cadre d'un capitalisme familial patient que dans le contexte de grands groupes, lorsque ces derniers sont soumis à des changements de dirigeants fréquents, eux-mêmes soucieux de marquer leur règne par des mesures visibles à effet rapide.

D'un point de vue opérationnel, il s'agit finalement de s'appuyer sur les caractéristiques communes à toutes les nouvelles méthodes de gestion de projet innovant (agilité, lean startup, UX, design thinking) : une démarche empirique, consistant à partir du terrain tout en étant soutenue par la «tête» ; une démarche incrémentale,

Lippi : un déploiement en douceur des NMMO

Chez Lippi, la démarche de «libération» a débuté avec la réorganisation des ateliers en lean. Ce déploiement a été accompagné pendant six ans (2008-2014) par un consultant. D'autres experts sont également intervenus sur divers sujets (numérique, stratégie, marque) et se sont progressivement transformés de «prescripteurs de méthodes» en «porte-parole des parties prenantes» chargés de recueillir et de synthétiser leurs avis. Progressivement, les salariés en sont venus à compléter cette «approche par les experts» par de multiples initiatives, dont certaines ont fait tache d'huile. Le processus global a pris au total dix ans.

Ce processus ne semble d'ailleurs toujours pas achevé dans la vision qu'en ont les dirigeants : la rédaction de l'ouvrage commandé à Élisabeth Bourguinat (2019) marque ainsi pour Julien Lippi «*la fin de la phase de transition et le début d'un cycle de développement qui durera peut-être cinq ou dix ans, avant qu'une nouvelle étape de transformation s'engage*».

Lippi montre ainsi qu'une transformation n'est pas une étape dans l'histoire d'une entreprise mais une démarche expérimentale continue faite de multiples petites étapes qui permettent d'autonomiser pas à pas les salariés, sans passage en force brutal.

consistant à évoluer étape par étape ; une démarche itérative, consistant à revenir sur ce qui a été fait.

Construire collectivement une vision partagée

Co-construire une raison d'être ou une mission permet de disposer d'une « boussole » sur un chemin ouvert à une forme d'indétermination via l'expérimentation et les ajustements. Si le plan peut changer en cours de route, la boussole, elle, reste intacte. C'est pourquoi, il est largement préférable que la raison d'être ait été co-construite avec les salariés, ce qui permettra à l'ensemble du collectif de s'y référer. Le chemin est cependant difficile (voir encadré page suivante).

Structurer chemin faisant

Si les formes organisationnelles prônées par les NMMO tentent de dépasser les limites du modèle mécaniste, hiérarchique et bureaucratique, elles n'impliquent pas pour autant une absence de structure, bien au contraire. Comme nous l'avons vu, supprimer toute structure peut engendrer un chaos organisationnel et de grandes souffrances individuelles, ainsi que la réapparition de nouvelles hiérarchies informelles. Cela a bien été montré par la féministe Jo Freeman (1970) : dans les organisations qui se veulent « alternatives », une forme de hiérarchie se recompose spontanément malgré l'abolition des structures formelles de pouvoir. Immanquablement, ressurgissent des leaders dits naturels du fait de leur ancienneté, charisme, expérience et implication qui finissent par former une « élite ». Dès lors, « l'absence de structure n'empêche pas la formation de structures informelles : elle n'empêche que celle des structures formelles. [...] l'absence de structure devient un moyen de masquer le pouvoir » (Freeman, 1970).

Il existe ainsi souvent une certaine confusion entre hiérarchie et cadre, comme en témoignent plusieurs salariés d'un grand groupe qui tente de réduire son ancien fonctionnement bureaucratique : « *Ce que j'observe, c'est actuellement l'idée qu'il ne faut pas trop formaliser, pas trop cadrer, parce que sinon ça fait* top-down. *La structuration est assimilée au fonctionnement* top-down. *[...] Mais si on n'a pas une structure, même entre pairs, on ne peut pas s'organiser.* » Les salariés, quels que soient leur rôle, statut et position dans l'entreprise, ne recherchent pas forcément la hiérarchie, mais ils sont en demande d'un cadre, à condition que celui-ci soit adapté aux impératifs opérationnels (autant au niveau micro des équipes qu'au niveau macro de l'organisation) et à leurs propres besoins individuels : cette adaptation est donc plus simple si on les fait participer à la définition dudit cadre et si celui-ci peut évoluer de concert avec leurs besoins et le contexte externe.

La difficulté à construire une raison d'être qui ait du sens pour tous

Mobil Wood : une raison d'être définie de plus en plus collégialement mais trop changeante pour servir de boussole

Pour transformer leur mode de management et d'organisation en profondeur, les deux repreneurs de Mobil Wood ont initialement sollicité l'aide d'un cabinet de conseil spécialisé dans l'holacratie. Ce dernier a demandé aux dirigeants de commencer leur démarche par la définition de la raison d'être de l'entreprise, jamais formalisée auparavant. Les deux dirigeants s'entendent alors sur la phrase suivante : « L'exemplarité et la perfection écologique dans l'agencement des magasins ». Mais cette raison d'être changera plusieurs fois dans les deux années suivantes.

En novembre 2017, c'est au tour d'un coach spécialisé en développement personnel d'accompagner les dirigeants et les dix leaders des cinq cercles holacratiques dans la définition d'une nouvelle raison d'être. Les deux dirigeants en proposent une acceptée par le reste du groupe : « Réaliser des produits et services éco-innovants pour offrir à tous la possibilité d'agir pour demain ». Elle ne fait cependant pas l'unanimité auprès des salariés qui ne retrouvent pas les notions d'exigence et de qualité importantes à leurs yeux. Cette nouvelle raison d'être ne durera que quatre mois.

En février 2018, la mission de refonder la stratégie de communication de l'entreprise est confiée à un cabinet de conseil en marque positive. À partir de plusieurs entretiens avec des membres de l'entreprise, le cabinet propose comme nouveau slogan : « Au nom du bois ». Les dirigeants souhaitent l'utiliser comme « raison d'être » et la proposent aux salariés qui ne comprennent pas un changement aussi rapide mais qui ne s'y opposeront pas.

Pour 3 Points : la difficulté à adopter une raison d'être « évolutive »

Pour 3 Points a été, dès sa fondation, dotée d'une puissante raison d'être : « Nous croyons à l'égalité des chances en faveur des jeunes issus de milieux défavorisés. Nous sommes convaincus qu'un jour, tous les jeunes issus de milieux défavorisés auront la possibilité de devenir des adultes heureux, résilients, en bonne santé et engagés dans leur milieu de vie. » Pour autant, son caractère évolutif semble poser problème. Certains voient cette raison d'être comme immuable, là où d'autres constatent qu'elle est bousculée par le processus de transformation organisationnelle : « *Est-ce qu'on veut qu'elle change, la raison d'être, ou on ne veut pas qu'elle change ?* »

On entrevoit ici l'une des grandes difficultés des entreprises opale : comment faire évoluer la raison d'être sans casser la boussole qui sert de guide dans un contexte en mutation. L'équilibre entre une mission immuable et figée et une raison d'être en perpétuel chantier semble difficile à trouver. Les modalités pratiques permettant à l'organisation d'être à l'écoute des transformations de son environnement comme des besoins internes pour faire évoluer sa raison d'être semblent encore à inventer.

La structuration et le management ne sont pas forcément oppressants en eux-mêmes, c'est au contraire leur absence qui peut devenir particulièrement oppressante et tyrannique. Selon la manière dont ils sont conçus et mis en œuvre, ils peuvent être une source d'émancipation individuelle et collective : « *Mon sentiment est que la gouvernance partagée, l'intelligence collective, tout ce fonctionnement de groupe, cela ne marche que si c'est hyper-encadré, processé, formalisé...* », indique une salariée de Ticket for change. C'est ainsi le cadre qui libère et non l'absence de cadre.

Il en est de même pour les dispositifs de contrôle, dès lors qu'ils ne passent plus exclusivement par la voie hiérarchique mais s'appuient également sur l'autocontrôle, le contrôle collectif et par les pairs, ainsi que par le contrôle normatif via un système de valeurs partagées. Ils permettent alors à chacun de comprendre les tenants (objectifs) et aboutissants (résultats) de son action et soutiennent le sentiment d'autonomie. Ici encore, « plus que la nature des contrôles, c'est la manière dont ils sont mis en œuvre qui [...] fait la différence. Les contrôles ne sont pas intrinsèquement "bons ou mauvais", mais dépendent de l'intention dans laquelle ils sont utilisés et de la perception qu'en ont les salariés » (Desmarais *et al.*, 2022). Ainsi en témoigne le dirigeant d'Aepsilon, entreprise de services numériques « libérée » : « *J'ai pensé à l'époque que je ne devais pas intervenir dans le contrôle financier des projets, que le contrôle était synonyme d'absence de confiance [...]. Le contrôle permet en fait à l'équipe de savoir où elle en est, et lui permet d'atteindre les objectifs. Le problème ne réside pas dans le fait de contrôler, mais lorsque le contrôle est utilisé pour évaluer et pour sanctionner.* »

Tout l'enjeu est donc d'hybrider une approche structurée et émergente de l'innovation organisationnelle, chacune compensant les méfaits de l'autre (rigidité versus chaos organisationnel) (voir encadré page suivante).

Investir du temps et de l'argent

Ces démarches de transformation sont ambitieuses et nécessitent du temps et de l'argent. C'est pourquoi il n'est pas forcément judicieux de se lancer dans une telle démarche si l'entreprise est en grande difficulté, même si elle peut trouver dans ce contexte la motivation pour le faire. Mieux vaut se lancer dans un contexte de stabilité économique : « Il semble que les conditions de fonctionnement d'une entreprise libérée – l'autonomie, la prise de risque, l'innovation, la possibilité de consacrer un temps substantiel à des activités non directement productives – soient subordonnées à sa bonne santé économique » (Chabanet *et al.*, 2017).

Comment combiner structuration et émergence chez Lippi

L'un des ingrédients de la réussite de la transformation menée par Lippi se trouve dans le modèle hybride de déploiement adopté :

- d'un côté, les étapes menées par des consultants paraissent très structurées (par exemple, l'implantation du lean menée par des experts externes) ;
- de l'autre, il prend la forme d'un processus émergent, très expérimental et informel mais qui part réellement de la base : les salariés expérimentent localement des pratiques qui se diffusent si elles se révèlent pertinentes.

Si certaines initiatives se généralisent spontanément à toute l'entreprise, d'autres continuent de coexister avec d'anciennes pratiques. Ainsi, l'important n'est pas d'appliquer une méthode, la même pour tous (une attitude typique du *one best way* taylorien), mais celle qui correspond le mieux aux salariés concernés par la mise en œuvre de cette méthode, en s'assurant qu'elle soit cohérente avec la culture organisationnelle globale.

Du temps

Le temps est ce qui permet d'expérimenter et de stabiliser de nouvelles routines plus collaboratives et participatives, aptes à tirer parti de l'intelligence collective des membres. Les travaux de Lewin *et al.* (1939) sur le leadership de type démocratique (voir *Guide généalogique et pratique des NMMO*, section 2) ont montré depuis longtemps que cette modalité d'organisation et de management met forcément du temps à se mettre en place, du fait de la participation directe des individus à la définition du fonctionnement de l'équipe. Ce temps d'apprentissage fait baisser l'efficacité du groupe dans un premier temps, et ses performances décrochent par rapport à celles qui sont obtenues avec un management de type autoritaire. Cette étape permet cependant au groupe d'acquérir des compétences réflexives et créatives qui peuvent laisser espérer une meilleure efficacité sur le long terme (figure 6.1).

Selon Lewin, le leadership démocratique se révèle souvent meilleur que le leadership autoritaire à condition de lui laisser du temps pour produire ses effets et de ne pas conclure trop vite que « ça ne marche pas » : le temps permet l'ancrage de comportements durables d'autonomie et améliore la qualité des rapports sociaux.

Il faudra donc savoir faire preuve de patience, une qualité que l'on retrouve notamment dans la culture japonaise. Selon Pesqueux et Tyberghein (2010), « la plupart des méthodes de l'"école japonaise" d'organisation reposent sur des caractéristiques d'application très précises» dont la première réside dans «des démarches "pas à pas", très progressives, nécessitant une gestion du temps sur des périodes relativement longues. Par exemple, la démarche TPM (*Total Productive Management*) peut se planifier sur plus de trois ans. C'est aussi ce qui différencie les apports de l'"école japonaise" du modèle financier de l'organisation, d'inspiration américaine, qui privilégie la genèse des profits à court terme».

De l'argent

Sur le plan financier, des ressources permettront de faire face sans à-coups à la baisse de productivité qui suit fréquemment le déploiement. Parallèlement, elles serviront à investir dans l'accompagnement de l'ensemble des salariés pour favoriser une évolution de leur rôle professionnel en douceur (communication interpersonnelle non violente, écoute active et feedback constructifs ; dynamique de groupe, techniques d'animation et gestion des conflits ; gestion des RPS ; compréhension des données économiques et des impératifs réglementaires, etc.) avec une attention particulière portée au management intermédiaire.

Ces ressources pourront enfin être mobilisées dans le cadre des contreparties qui doivent nécessairement être proposées aux salariés appelés à s'investir davantage dans leur travail et leur entreprise. En la matière, la rétribution sous forme financière ne semble toutefois être ni la seule piste, ni forcément la plus pertinente ;

Figure 6.1 – Évolution de la productivité selon les leaderships démocratique ou autoritaire

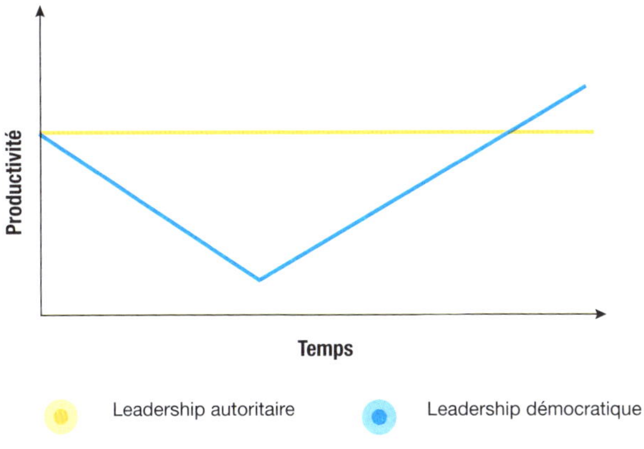

Source : Schéma inspiré des expériences menées par Lewin à la Harwood Manufacturing Coporation relatées dans l'ouvrage de Bernoux (2009).

Martin (1994) propose plutôt de reconnaître les compétences (autant individuelles que collectives) acquises au cours du déploiement des NMMO. Une piste que l'on retrouve d'ailleurs dans ce témoignage d'un cadre supérieur d'une grande entreprise industrielle : «*Il faut qu'on soit capables d'apporter d'autres éléments de reconnaissance et de valorisation. Je pense que l'acquisition de compétences est clé.*» Cette reconnaissance peut certes être financière (sous forme de primes, individuelles ou collectives) mais également plus symbolique : dégager du temps productif pour la formation, l'exploration de nouvelles idées voire de nouveaux projets; proposer un accompagnement et des ressources dans la mise en œuvre des projets qui auront recueilli l'approbation et le soutien du reste du collectif; financer des participations à des formations/conférences/communautés de pratiques sur des sujets variés qui ne sont pas nécessairement en lien direct avec l'activité quotidienne; accompagner des démarches d'implication citoyenne et de mécénat de compétences; proposer des mobilités internes (dans d'autres équipes ou sur des postes d'animation-facilitation), etc.

Points de vigilance

Veiller à la cohérence de la démarche

Comme le soulignent Chabanet *et al.* (2017), «il importe de dépasser les simples déclarations d'intention et de veiller à la cohérence des discours avec les pratiques».

Il faudra être particulièrement attentif à la communication institutionnelle déployée autour de la démarche : celle-ci doit rester fidèle à la réalité vécue par l'ensemble des acteurs, sous peine de nourrir des incompréhensions et des frustrations et de voir se développer une communication critique non maîtrisée (sur les réseaux sociaux notamment) qui viendrait contredire, et donc discréditer, la communication officielle. Il ne s'agit pas de séduire les clients ou les médias, mais d'embarquer l'ensemble des parties prenantes, à commencer par les salariés.

Nous conseillons donc de rester discret dans les premiers temps de la démarche, afin d'éviter les hiatus entre les promesses affichées, les pratiques réelles et le ressenti des acteurs. Si une publicisation de la démarche est envisagée (auprès des médias ou via des concours et trophées sur les démarches d'innovation ou la QVT), elle devra au préalable recueillir l'assentiment des salariés et en faire une occasion de valoriser leur implication. Leur donner la vedette semble en effet plus cohérent avec la démarche que de mettre en avant le seul dirigeant.

Dans tous les cas, il faudra veiller à ne pas réduire la démarche à un phénomène de mode (au sens où nous l'avons défini au chapitre 3). Il faut au contraire activement communiquer sur la complexité du processus en soulignant les difficultés et limites rencontrées, afin de coller à la réalité du terrain tout en éclairant au mieux ceux qui souhaiteraient s'en inspirer. C'est l'attitude qu'ont courageusement adoptée les dirigeants de Mobil Wood et de Lippi.

Mais la question de la mise en cohérence ne s'arrête pas aux discours. Il est en effet important que les pratiques soient cohérentes entre elles pour parvenir à un système harmonieux. Comme le soulignent Weil et Dubey (2020), « il n'y a pas de modèle à imiter mais un principe de cohérence à respecter : si les réponses sont singulières et les bricolages fréquents, il est important que les principes retenus soient cohérents ». On évitera ainsi d'ajouter à la complexité des processus à l'œuvre des paradoxes supplémentaires tels que : prôner un esprit collectif alors que les pratiques RH restent individualisées, promouvoir la transparence alors que les tableaux de bord et leurs principes de construction ne sont pas accessibles à tous, valoriser l'expérimentation en interdisant le droit à l'erreur, inciter à la bienveillance alors qu'on laisse s'auto-exclure ceux qui peinent à s'adapter, etc.

Cohérence ne veut pas dire toutefois alignement desdites pratiques : des expérimentations locales différentes peuvent et doivent être conduites pour s'adapter à la réalité du travail, aux aspirations et à la maturité des équipes. La cohérence doit se situer au niveau des principes qui guident ces pratiques, plutôt que sur les pratiques elles-mêmes. Pour comprendre cette idée de principes directeurs, voici ce que dit le président de Michelin, Florent Menegaux : « Vous leur donnez les paramètres, vous leur donnez le périmètre d'action, comme dans une équipe de foot ou de rugby. Si chaque joueur attend les instructions d'un chef pour prendre la balle, vous êtes cuit. Vous avez des règles du jeu. Dans les règles du jeu, vous donnez quelques éléments tactiques. Et ensuite, vous faites confiance aux joueurs. L'entreprise, c'est pareil » (Chaire FIT², 2021).

Surveiller les risques psychosociaux (RPS)

Comme nous l'avons vu, les nouveaux modes de management et d'organisation sont propices aux risques psychosociaux (RPS). L'autonomisation des uns, le nécessaire lâcher-prise des autres et le changement de posture pour tous impliquent une déstabilisation anxiogène des routines, tant pour les salariés, les managers de proximité, les cadres intermédiaires que pour les dirigeants. Cette perte momentanée de repères est tout autant porteuse d'une potentielle émancipation que d'importants niveaux de stress et d'anxiété. Il faudra donc suivre de près les indicateurs relatifs aux RPS (absentéisme, arrêts maladie, turn-over, enquêtes de climat social, etc.) pour corriger le tir rapidement si nécessaire (sans pour autant tout arrêter).

Ticket for Change : de multiples dispositifs de détection des tensions

Ticket for Change a déployé de multiples dispositifs pour détecter les risques et les tensions qui pourraient naître de sa transformation, dispositifs auxquels tous les membres participent : le lead stratégie avec une «hotline gouvernance» permettant de répondre aux questions et aux inquiétudes relatives à la nouvelle organisation ; les coachs internes à travers des points individuels réguliers avec leurs coachés ; les équipiers entre eux lors de leurs réunions.

En matière de gestion des RPS, les coachs internes jouent un rôle clé. Comme dans d'autres structures, ils n'ont pas de rôle hiérarchique. Le coach est là pour aider la personne à s'épanouir au sein de la structure, tant du point de vue professionnel que personnel : progression de carrière, rémunération, baisse de moral, problèmes personnels, etc. Son écoute attentive doit lui permettre de repérer les signaux faibles à faire éventuellement remonter en cas de problèmes graves.

Des formations pourront être proposées sur l'évaluation de la charge de travail, les différences entre travail prescrit, travail réel, travail perçu, la gestion du temps et du stress, l'autoplanification et la priorisation des tâches, la capacité à (se) fixer des objectifs, comme les OKR[45]. Mais les salariés et les managers ne sont évidemment pas seuls responsables de la régulation de leur propre travail dont les débordements pourraient conduire à des atteintes à leur santé. Les dirigeants ont une responsabilité juridique à cet égard, qui les oblige à mettre tout en œuvre pour détecter et minimiser ces risques au travers d'un document unique d'évaluation des risques professionnels (DUERP) complet et régulièrement mis à jour en fonction des difficultés qui s'expriment.

Les instances de délibération, de dialogue professionnel comme de dialogue social, ainsi que les échanges bilatéraux (avec les managers, coachs ou pairs), seront évidemment des dispositifs clés pour identifier les risques ou dérives inhérents à la démarche.

45. Objective and Key Results. Méthode consistant à définir des objectifs au niveau global de l'entreprise, puis à les décliner pour chaque niveau et chaque équipe. Chaque équipe puis individu doit ensuite se les approprier pour y concourir au quotidien au travers d'indicateurs précis, mesurables et temporellement définis, à la fois ambitieux et réalistes.

Rester ouvert aux différences de vues et à la « dispute »

Il est impératif de rester à l'écoute des doutes, réticences et critiques, qui ne doivent pas être interprétés comme des signes d'échec de la démarche mais au contraire comme des occasions d'améliorer en continu les principes et pratiques en émergence. Comme en témoigne Laurent Bizien, directeur de la PME Martin Technologies (100 salariés) et orchestrateur de la démarche de transformation : «*Je trouve qu'il est sain d'avoir toujours une frange de collaborateurs qui restent un peu critiques et dubitatifs, ça nous ramène sur terre. À force de raconter notre histoire, on peut se mettre à idéaliser la situation. Et puis les réfractaires d'un jour ne sont pas forcément les mêmes le lendemain*» (Pellerin et Cahier, 2021). Il faut ainsi veiller à préserver des espaces de délibération «tolérant l'imprévu, l'incertitude, l'indétermination, favorables à une prise de distance vis-à-vis des signifiants maîtres» (Picard, 2015) afin de développer «une organisation réflexive, c'est-à-dire capable d'apprendre de ses difficultés pour progresser en permanence» (Anact, 2021).

Les espaces de dialogue collectifs et bilatéraux, tout comme les échanges informels, doivent rester ouverts à la controverse et à la «dispute professionnelle» (Clot, 2014, 2021), sans pour autant qu'elles ne dégénèrent en conflits destructeurs pour les individus et les collectifs de travail. La «dispute» renvoie ici à la *disputatio* médiévale consistant à argumenter autour d'un problème en prenant en compte les points de vue divergents pour les dépasser par une proposition créative.

Trois facteurs peuvent aider à conserver durablement cette posture : partir toujours des expériences de travail réel et des ressentis qu'elles occasionnent; recourir à la «position tierce» et à la «fonction médiatrice» (Picard, 2015) qu'occupent non seulement le manager facilitateur mais également les IRP; proposer à tous des formations à la communication interpersonnelle non violente, à la dynamique de groupe, à la gestion des conflits et à l'écoute active.

Tout départ de l'entreprise doit également faire l'objet d'une analyse approfondie : s'intéresser aux personnes qui ne parviennent pas à s'adapter à la démarche est l'occasion de révéler des failles à prendre en compte dans une logique d'amélioration continue.

Le traitement réservé aux réticents fait partie des critères importants pour différencier un processus innovant d'un effet de mode. Ce traitement permet souvent de révéler si la transformation en cours en appelle à une logique instrumentale centrée sur l'action unilatérale et le pouvoir normatif ou si, au contraire, elle est axée sur la compréhension mutuelle et l'acceptation des différences de perception ou d'intérêt (Habermas, 1987). L'ouverture à la parole des réticents concrétise ainsi cette tolérance à l'indétermination qui est l'une des conditions de succès de ce type de démarche, assurant qu'aucun modèle n'est en train de se rigidifier au détriment de la liberté des acteurs et de la souplesse de l'organisation.

Contrecarrer les effets de croissance

Nous avons vu au chapitre 5 que la croissance de l'entreprise représente souvent un obstacle à la pérennité des NMMO. Il est alors possible de prévoir qu'au-delà de certains seuils d'effectifs il sera nécessaire de faire évoluer le design organisationnel et de resubdiviser pour aboutir à des équipes plus restreintes, à l'instar du modèle fractal développé par Hervé Thermique (voir ci-dessous).

L'organisation fractale d'Hervé Thermique[46]

Chez Hervé Thermique[47] (3 000 salariés), les salariés (nommés « intra-entrepreneurs ») « *sont regroupés en équipes d'environ 15 personnes, nombre qui correspond à la taille que, de par notre expérience, nous avons jugé la plus appropriée pour mettre en œuvre ce que nous appelons un management concertatif* ». Tout le design organisationnel de la structure est ainsi régi par ce nombre, répliquant des équipes de 15 à chaque niveau hiérarchique. « *Chaque équipe de 15 intra-entrepreneurs est animée par un manager d'activité* », souvent recruté en interne (dans 60 % des cas) et coopté par son équipe. « *Les managers d'activité sont à leur tour structurés en groupes de 15 qui sont animés par une équipe d'une quinzaine de managers de territoire.* » Ce modèle permet ainsi à Hervé Thermique de fonctionner comme « *une constellation de 200 petites entreprises de 15 personnes* » plutôt que comme « *un paquebot de 3 000 salariés* ». Il s'inspire « *de la division cellulaire, mode de développement le plus courant du vivant* ».

On retrouve également ce modèle chez Buurtzorg[48], organisme de soins à domicile composé de 10 000 infirmiers répartis en équipes autonomes de 10 à 12 infirmiers.

46. Compte-rendu de l'audition d'Emmanuel Hervé : « Hervé Thermique, un pionnier de l'autonomie », 7 octobre 2020, rédigé par Élisabeth Bourguinat dans le cadre du séminaire Autonomie et responsabilité dans les organisations organisé par la chaire FIT².

47. Hervé Thermique est la filiale historique du Pôle Énergie Services du Groupe HERVE. Ses compétences métiers se déclinent au travers du génie climatique, électrique, la performance énergétique, les énergies renouvelables, la piscine-traitement d'eau et les programmes spécifiques.

48. Compte-rendu de l'audition de Gertje Van Roessel et Arnold Fauquette : « Buurtzorg et Vivat : quand auto-organisation rime avec qualité des soins et efficience économique », 27 mai 2021, rédigé par Élisabeth Bourguinat dans le cadre du séminaire Autonomie et responsabilité dans les organisations, organisé par la chaire FIT².

Le choix de l'essaimage pour Ticket for Change

L'association a fait le choix de ne pas grossir à l'excès, mais d'inspirer et de répliquer ses actions à l'échelle nationale et internationale avec une logique d'essaimage.

Au niveau national, l'objectif est de transmettre les méthodes pédagogiques propres à Ticket for Change à d'autres «activateurs de talents» que l'organisation ne peut pas toucher : «*Si demain un partenaire veut développer un parcours entrepreneur uniquement sur des questions agroécologiques avec que des gens issus de la ruralité, nous ce n'est pas un truc qu'on ferait mais on peut leur donner notre méthodologie pour qu'ils l'adressent à un autre territoire ou un autre public.*»

Au niveau international, l'objectif est de conclure des partenariats avec des structures qui créeront leur propre Ticket for Change.

Une autre manière de contrecarrer les effets de croissance sur le modèle consiste précisément à les éviter. Ainsi certaines organisations préfèrent adopter des stratégies de réseautage et d'essaimage plutôt que de croissance des effectifs, afin d'éviter de déstabiliser ce qui fonctionne (voir ci-dessus).

Ces stratégies d'essaimage restent cependant assez floues, et les mécanismes de coordination et d'éventuelles interdépendances entre structures peu détaillées.

Contrecarrer les phénomènes d'essoufflement dégénératifs

Comme nous l'avons indiqué au chapitre 5, les innovations organisationnelles semblent particulièrement sujettes aux phénomènes dégénératifs qui les font inexorablement dévier vers des formes organisationnelles hiérarchiques et bureaucratiques, comme un éternel retour au point de départ.

On sera donc particulièrement vigilant sur l'apparition des indices de cette dégénérescence tels que décrits par Meister (1974) dans sa phase 2 qui marque le début du déclin (voir chapitre 5) : conflits interpersonnels, divergences idéologiques quant à la raison d'être, primat des objectifs économiques sur la mission obligeant à revenir à des méthodes de gestion traditionnelles, démotivation généralisée, difficulté d'intégration des nouvelles recrues et conflits de générations, etc.

On pourrait tenter d'estimer la durée que met un processus innovant pour dégénérer, mais les données à notre disposition ne convergent pas : si deux de nos études de cas semblent indiquer dix ans, une autre n'a commencé son déclin qu'après trente ans d'existence quand une dernière s'est défaite en quelques mois. Moins qu'une durée prédéterminée, c'est plutôt la croissance du collectif qui semble poser problème comme nous l'avons dit précédemment.

Toutefois, la croissance des effectifs peut également représenter une chance d'introduire de la nouveauté et donc de redynamiser le processus en lui apportant du « sang neuf » (voir encadré ci-dessous). Ralph Katz et Thomas Allen (1982) recommandent ainsi d'intégrer régulièrement de nouveaux membres comme autant de vecteurs de remise en cause et d'introduction d'idées nouvelles. Un processus salutaire pour assurer la plasticité et la souplesse de l'organisation, qui peut à tout moment se rigidifier. Encore faut-il que les anciens leur laissent de la place. La domination « gérontocratique » est un point à surveiller.

Les échanges à l'intérieur comme à l'extérieur des frontières juridiques de l'organisation (communautés de pairs, échanges avec les fournisseurs, partages au sein du secteur, avec des communautés de freelances) sont une autre manière d'alimenter le mouvement permanent. Celui-ci assure la régénérescence continue des phénomènes organisationnels, que la pensée complexe nous invite à envisager comme des « équilibres de forces antagonistes » (Morin, 1977), toujours instables et précaires, mais à la source même de la dynamique sociale.

La dynamique régénérative d'une structure autogérée

Un café coopératif, composé de volets d'activité très variés (restauration mais aussi activités culturelles, sociales et politiques), permettait à chaque membre d'apporter « sa couleur » selon ses envies et hobbies : certains organisaient des pièces de théâtre, d'autres des festivals de contes, d'autres une soirée électro, d'autres encore s'appuyaient sur la structure pour développer le militantisme LGBT… Toutes ces actions participaient au dynamisme et à la notoriété du café. En ressortait une organisation à géométrie variable évoluant en fonction des travailleurs en place, qui changeaient continuellement du fait du turn-over caractérisant la restauration. Cette organisation était dotée, tant au niveau de ses activités que de ses participants, d'une très forte plasticité qui semblait à même de déjouer la loi dégénérative de Meister. Cette perspective a été facilitée par la mise en retrait des trois fondatrices, qui ont rapidement souhaité « *laisser toute leur place aux jeunes* ».

CONCLUSION

Les nouveaux modes de management et d'organisation cristallisent une forme de fascination et également bien des controverses. Les débats qu'ils suscitent découlent directement du « nœud » qu'ils révèlent : les implanter paraît de plus en plus adapté au contexte d'incertitude qui prédomine, toutefois la remise en cause des pouvoirs qu'ils véhiculent en fait une matière inflammable et suspecte aux yeux de bien des dirigeants. Ceux-ci choisiraient ainsi, selon le mot du prince de Salina dans *Le Guépard*, de tout changer pour que rien ne change.

Le premier enjeu de cet ouvrage était de passer d'une terminologie floue à une description précise des concepts auxquels ces NMMO se réfèrent sur un plan historique et géographique. Un langage et un référentiel communs constituent une première base pouvant déclencher des discussions fécondes dans les organisations. Nous avons vu, en effet, qu'il existe un tronc commun conceptuel entre les NMMO, ancré dans l'histoire, même s'il appartient ensuite à chaque entreprise d'adapter les modèles à sa situation propre.

Le deuxième enjeu était d'opérer une synthèse descriptive des pratiques mises en œuvre, en élargissant la focale à un corpus d'entreprises assez large, grâce aux travaux de recherche menés sur ces sujets et à la documentation méthodique de cas effectuée depuis 2018 par la chaire Futurs de l'industrie et du travail (base de cas et comptes rendus de séminaires). En ce sens, cet ouvrage a une grande dette envers de multiples prédécesseurs, et en particulier envers *Au-delà de l'entreprise libérée* de Weil et Dubey, qui avaient procédé en 2020 à une première synthèse sur le sujet. L'originalité de notre corpus de cas est qu'il contient aussi bien des PME, des ETI que des grands groupes (plus précisément des départements de grands groupes), mais aussi des entreprises autogérées, des associations et des Scop, tant dans l'industrie que dans la production de services, permettant de couvrir un vaste spectre des NMMO – des plus anciens aux plus contemporains. Cela permet de faire ressortir des récurrences, comme des variations dans les pratiques adoptées, les modes de conduite de l'innovation, les points de blocage et les limites.

Enfin, le dernier enjeu était de fournir quelques points de repère méthodologiques et de vigilance pour ceux qui voudraient se lancer dans ce type d'innovation organisationnelle.

In fine, il ressort de cette analyse que, derrière les variations de pratiques, il existe en réalité deux conceptions très différentes de l'innovation organisationnelle : l'une cherche à canaliser, à structurer et à fondre l'ensemble des acteurs dans un même moule. Le moule est certes nouveau, correspondant mieux à l'esprit du temps que le modèle mécaniste, mais la finalité poursuivie demeure strictement instrumentale. L'autre conception ouvre le jeu et permet à des groupes humains qui progressivement s'auto-organisent de faire un apprentissage expérimental et itératif de comportements et de relations différents, signe d'un véritable apprentissage organisationnel pouvant aller jusqu'à la déconstruction-reconstruction de la finalité de l'entreprise (mission ou raison d'être) et à la mise en cause de la gouvernance antérieure. Entre ces deux extrêmes, il existe toutes sortes de gradation de ces processus qui se révèlent, dans tous les cas, complexes.

Comme le souligne une récente étude de la Dares (Coutrot et Perez, 2021), il faut rester vigilant sur le fait que « les changements techniques ou organisationnels sont une source d'insécurité socio-économique », même s'ils « sont également associés à l'opportunité d'apprendre des choses nouvelles dans son travail ». Nombreux sont ainsi les salariés à témoigner avoir vécu des réorganisations de tous types, sans qu'il ressorte clairement « *qu'il y en a eu de meilleures que d'autres*[49] ». La profondeur d'expérience des salariés peut ainsi créer une distance à l'égard des NMMO et peut expliquer « *une grande méfiance vis-à-vis de la nouveauté* », là où les plus jeunes auront davantage tendance à céder à l'enthousiasme.

C'est donc à l'entreprise de faire preuve de continuité et de persistance dans une démarche cohérente, mais souple et de long terme, qui ne devra rien aux effets de mode et qui pourra faire sens pour l'ensemble des acteurs au regard de leurs métiers autant que de la stratégie d'entreprise.

En définitive, il n'aura pas échappé au lecteur que le parcours pour déployer de manière constructive les NMMO est semé d'embûches. Après la lecture de ce livre, plus d'un pourrait se sentir découragé à l'avance d'enclencher un tel processus. Si nous tenons à conserver le rôle d'« observateur décalé et critique » propre au chercheur en sciences

49. Ce verbatim et le suivant sont tirés de la base des cas de la chaire FIT^2.

sociales pour offrir un «contrepoint utile aux discours militants de la mode» (Midler, 1986), notre objectif n'est évidemment pas de décourager ces expérimentations, bien au contraire. En effet, aussi difficiles qu'elles soient, seules ces expérimentations de NMMO au plus près des besoins du terrain sont à même de développer les capacités d'innovation, de souplesse et de réactivité si nécessaires en environnement VICA. Par ailleurs, si les NMMO ne nous protègent pas de limites et dérives parfois aussi difficiles à gérer que celles auxquelles nous confronte le modèle mécaniste, ils n'en sont pas moins plus respectueux des parties prenantes. Ils nous offrent ainsi la possibilité de mieux répondre aux impératifs urgents qu'incarnent les principes de la RSE, et de ne pas limiter cette dernière à un simple discours marketing.

Guide généalogique et pratique des nouveaux modes de management et d'organisation

CHAIRE
FIT^{2}
FUTURS
DE L'INDUSTRIE
ET DU TRAVAIL
MINES PARIS - PSL

La Fabrique de l'industrie
laboratoire d'idées

Guide généalogique et pratique des NMMO

Ce petit guide des modèles organisationnels contemporains et de leurs origines ne prétend pas se substituer aux manuels de théorie des organisations. Il a vocation à contextualiser les différents modèles en fonction de leur origine historique et géographique, d'en décrire sommairement les principes de fonctionnement et de montrer comment ils se relient les uns aux autres pour former un continuum.

SOMMAIRE

1. À la source des NMMO

Loin d'être nouveaux, les NMMO plongent leurs racines dans une longue tradition de recherche d'alternatives organisationnelles qui a débuté dès le XIXe siècle avec les socialistes utopiques et s'est prolongée sur la première moitié du XXe siècle avec les psychosociologues de l'école des relations humaines (ERH).

Les fabriques de l'utopie

Une première source des NMMO peut être recherchée chez les socialistes critico-utopistes et le mouvement associationniste.

On peut faire remonter l'origine du « mouvement associationniste » à la figure de Robert Owen (1771-1858). Fils de quincaillier, il rachète en 1807 à son beau-père l'une des plus grandes filatures de Glasgow dans le but de changer radicalement son organisation : il transforme le site industriel de New Lanark en village coopératif, en offrant des conditions de travail très en avance sur son époque (réduction du temps de travail; écoles pour les enfants des travailleurs; centres de formation, de dialogue et de loisirs pour les adultes) (Trouvé, Casalegno, 2019). Lorsque sévit en Angleterre la grande crise de surproduction consécutive à l'arrêt des guerres napoléoniennes, il est sollicité par les pouvoirs publics pour penser un nouveau modèle organisationnel. Il préconise alors le développement de communautés de travail soutenues par l'État, avec une vision radicale qui lui vaudra son rejet par les classes dirigeantes : la propriété privée et le salariat doivent être abolis et le travail doit être rendu obligatoire. Quelques années plus tard, en 1821, il précise son idée : il préconise l'association de communautés autonomes de petite taille, libérées des méfaits de la centralisation, basées sur l'égalité et l'éducation. On repère ici l'accent mis sur les groupes restreints, commun à tous les « nouveaux » modes de management et d'organisation. Owen parvient à récolter les fonds nécessaires pour lancer une expérimentation dans l'Indiana (les États-Unis comptent alors encore une multitude d'espaces vierges propices aux expérimentations utopiques) et y achète en 1824 un vaste domaine qui servira de « cité témoin ».

Charles Fourier (1772-1837) développe, quant à lui, le courant des « phalanges » en réaction à un mode industriel et commercial qu'il juge injuste mais également inefficace : il considère que « l'activité commerciale est intrinsèquement improductive et parasitaire » (Braud, Burdeau, 1992), car elle consacre l'individualisme au détriment de toute vraie coopération, engendrant des gaspillages inouïs. Pour Fourier, la solution c'est l'Association, principe qu'il précise dans *Le Nouveau Monde industriel et sociétaire* (1829) : il s'agit de substituer à un travail austère, oppressant et aliénant, un travail attractif et agréable où l'éducation tient là aussi le haut du pavé. Ce travail est effectué au sein de groupes affinitaires se fondant sur le principe d'« attraction » à la base d'un « grandiose principe d'unification » (Braud, Burdeau, 1992) qu'il présente comme « le moteur de l'homme ». Au sein de ces associations, il souhaite ainsi combiner la rationalité économique et la rationalité affective au travers d'un travail utile où chacun pourrait exprimer une « manie personnelle ». Ces associations prennent le nom particulier de « phalanges » et prolongent l'idée de « cités témoins » développée par Owen. Cellule fondamentale de la société, la phalange se fonde sur une combinaison optimale de talents, de goûts et de passions, qui existent dans la nature de tout être humain, et elle se livre à des activités économiques qui visent moins le profit ou la productivité maximale que la réalisation et l'épanouissement des possibilités sociales.

Les idées de Fourier seront reprises près d'un demi-siècle plus tard par Jean-Baptiste André Godin (1817-1888) qui dirige dans l'Aisne une fonderie de près de 1 000 personnes (Lallement, 2005). À partir de 1877, il souhaite mettre en place « un nouveau système social qui fera du groupe sa pierre angulaire » (Louche, 2019) : les salariés sont invités à s'inscrire dans des groupes assemblés par affinité. Ces groupes constituent des unités de base qui, chacune, élisent un bureau (composé d'un président, d'un vice-président, d'un secrétaire et d'un adjoint). Les quatre élus de chaque groupe sont réunis pour former des « unions de groupe », elles-mêmes structurées en bureau. Les représentants de ces différentes unités constituent les « conseils de direction ». Il s'agit donc d'une organisation hiérarchisée mais les responsables sont choisis directement ou indirectement par la base selon le principe de la « pyramide inversée ». Les sujets traités par les groupes sont divers : nouveaux procédés de fabrication, recherche d'économie de matériaux, etc. Parallèlement, Godin dédie une partie de sa fortune à la construction du familistère de Guise pour offrir les meilleures conditions de travail et de vie possible à ses salariés : outre des logements de fonction, des lavoirs et des magasins d'approvisionnement réservés aux ouvriers de sa manufacture, il y crée une école publique obligatoire et gratuite, un théâtre et une bibliothèque.

Pierre-Joseph Proudhon, le père de la philosophie politique anarchiste, développe lui aussi l'idée d'une nouvelle forme organisationnelle associative qu'il base non pas sur le principe d'« attraction » mais de « pluralisme ». Ce concept-clé dans sa théorie le met face au problème suivant : comment concilier l'ordre et l'unité du tout avec la nécessaire autonomie de chaque composante sociale ? Il fait ainsi de la dialectique entre l'individu et la société le « moteur de la société ». Tout comme Fourier, Proudhon s'oppose à une vision individualiste qui empêche la reconnaissance des « êtres collectifs » comme entités productives. Le travail est une valeur essentielle dans l'œuvre de Proudhon : il catalyse productivement (et non de manière destructive comme le fait la guerre) les forces physiques et sociales, ces éléments antagonistes mais complémentaires d'où naissent la vie et le mouvement. Ainsi, le travail, par ses lois propres, crée un ordre productif, une dynamique d'association. Proudhon souhaite par ce biais reconstruire la société en partant de la base, c'est-à-dire de l'activité productive. Chantre du travail, Proudhon s'insurge donc, à l'instar de Fourier, contre tout ce qui le rend ennuyeux, répétitif, pénible ou dégradant. À ces maux, il voit une source unique : la parcellisation de l'industrie naissante (et ce bien avant que Taylor ne conceptualise et généralise la division horizontale de travail).

L'école des relations humaines

Deuxième source historique : les chercheurs dits de l'école des relations humaines, un courant qui naît de manière quasi concomitante au taylorisme.

Mayo et l'attention portée aux travailleurs

L'ERH débute avec les travaux précurseurs du psychosociologue Elton Mayo (1880-1949) qui cherche à améliorer les conditions de travail pour augmenter la productivité. Il va participer à une célèbre série d'études menées au sein de la Western Electric Company, plus particulièrement au sein des ateliers Hawthorne d'assemblage de circuits électroniques pour appareils de radio : c'est un travail minutieux, monotone et répétitif effectué par une main-d'œuvre majoritairement féminine, travaillant sur des rangées de tables dans de grandes salles impersonnelles. De 1924 à 1927, son équipe de recherche étudie le rôle de l'éclairage sur la productivité avec comme hypothèse qu'un meilleur éclairage améliorera la productivité. Des groupes de comparaison sont constitués pour vérifier cette hypothèse. Dans le premier groupe, on fait varier l'intensité de la lumière et la productivité augmente. Dans le second groupe, on maintient la même intensité lumineuse qu'auparavant et… la productivité augmente aussi. Conclusion : des facteurs autres que les variations d'éclairage influencent la productivité. De 1927 à 1928, est isolé des autres travailleurs un groupe d'employées volontaires sur lequel vont être testées différentes modalités d'organisations du travail[50] : l'équipe de chercheurs constate que chaque nouvelle proposition permet une hausse, ou plus rarement une stagnation, de la productivité. Comment expliquer ce phénomène étrange ?

Mayo va conclure que c'est l'observation elle-même qui induit des effets sur le comportement des travailleurs. Ce qu'on appellera par la suite « l'effet Hawthorne » est formulé comme suit : « Le seul fait de montrer concrètement aux ouvriers, par les expériences et par la présence des chercheurs, que l'on s'intéresse à eux et à leur sort, a provoqué un regain de motivation et d'intérêt au travail » (Plane, 2003). Quand on veut améliorer la productivité des salariés, ce qui importe n'est pas tant (ou pas seulement) l'amélioration objective des conditions de travail que le degré et la qualité d'attention et d'intérêt portés aux travailleurs.

Mayo y ajoute une autre considération : la différence de productivité entre le groupe expérimental et le reste de l'atelier est également liée à la qualité des relations interpersonnelles. Séparées du reste de l'atelier, les ouvrières ont développé de fortes relations sociales, en s'entraidant au cours du travail et en se côtoyant hors de l'entreprise. Le chercheur met en évidence qu'à côté du système formel d'organisation du travail, il existe un système de relations informelles entre les travailleurs, qui produisent leurs propres règles, favorisant ainsi la productivité. Cette relation entre normes formelles et informelles sera reprise et approfondie ultérieurement par les sociologues des organisations Crozier et Friedberg (1977), puis par Reynaud (1989). Au lieu d'être considérées comme un frein au rendement à éliminer – comme c'était le cas dans la conception taylorienne –, les relations interpersonnelles entre travailleurs et la production de normes informelles qui en découle, deviennent des forces motrices de la productivité du travail, que l'entreprise peut encourager pour en tirer parti dans la poursuite de ses objectifs.

Enfin, dernière conclusion de l'expérience menée, les ouvrières, galvanisées par l'importance que leur ont accordée les chercheurs, n'ont plus eu besoin d'être commandées et contrôlées pour travailler spontanément mieux et davantage. « La fonction de contremaître devenait de conseil, de proposition et surtout d'écoute, plus que de commandement proprement dit [...], il apparut qu'un bon agent de maîtrise devait être un animateur de groupe, avec une importante fonction d'écoute, plutôt qu'un "chef" au sens traditionnel du terme [...] » (Bernoux, 2009). Déjà, la figure du manager ressortait chahutée de ces observations.

---

50. Furent changés : les pauses (nombre, durée, avec ou sans collation), les horaires de travail (réduction des horaires, suppression du travail le samedi, retour à la situation initiale), le système de salaire (individuel, par équipe, au rendement, horaire, etc.).

Maslow et la hiérarchie des besoins

Le psychologue Abraham Maslow (1954) est certainement le représentant le plus connu (et parfois le seul) de l'ERH. Ses travaux s'intéressent aux besoins humains, et consécutivement à la manière de les prendre en compte et d'y répondre. Contrairement à la vision « économiciste » du courant mécaniste[51], la motivation des travailleurs ne se limite pas ici aux gains monétaires, mais conjugue les réponses apportées aux besoins physiologiques, sociologiques et psychologiques. Ces besoins sont le plus souvent formalisés par une pyramide à cinq étages, les hiérarchisant depuis les plus élémentaires jusqu'aux plus complexes. Par la suite, la théorie de Maslow sera nuancée par Clayton Alderfer (1969) qui remettra en cause le principe de hiérarchie des besoins : il suggère que l'individu peut chercher à combler plusieurs besoins simultanément sans présupposer d'un ordre donné.

Figure I – La pyramide des besoins selon la théorie de Maslow

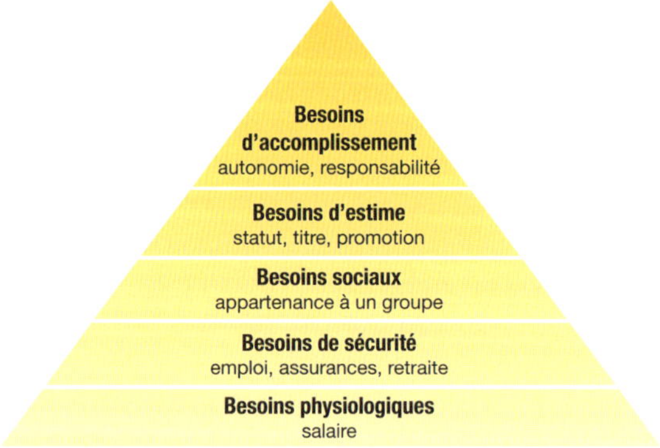

Herzberg et la théorie des deux facteurs

Dans les années 1960, Frederick Herzberg (1923-2000) poursuit cette théorie de la motivation au travail, à partir d'une enquête menée auprès de 200 ingénieurs et comptables (Herzberg, 1966). Il demande à chacun d'entre eux de décrire des moments de son activité de travail où il a ressenti des émotions positives et, *a contrario*, des moments où il a ressenti des émotions négatives. L'analyse des réponses fait apparaître que les facteurs à l'origine de l'insatisfaction et du mécontentement au travail ne sont pas de même nature que

51. Initié par Taylor puis Ford au début du XXe siècle, ce modèle est basé sur une spécialisation extrême des tâches, encadrée par des procédures strictes, édictées et contrôlées par une longue ligne hiérarchique.

ceux qui conduisent à la satisfaction et à la motivation[52] (d'où le nom de « théorie des deux facteurs ») : là où les premiers sont extrinsèques à l'activité de travail (statut, conditions de travail, salaire, sécurité, etc.), les seconds sont intrinsèques (intérêt pour le contenu du travail, reconnaissance, responsabilité, développement personnel, etc.). Par conséquent, il n'est pas possible de nourrir la motivation au travail par la simple élimination des facteurs d'insatisfaction. Cette dernière n'engendrera qu'un moindre mécontentement, et non un surcroît de satisfaction et de motivation. Pour ce faire, Herzberg préconise de jouer sur la nature même du travail, en améliorant son contenu pour développer l'intérêt, l'autonomie et la responsabilité des travailleurs. Par ce biais, il invite ainsi les directions d'entreprise à considérer l'élargissement et l'enrichissement du travail (voir ci-dessous).

Élargissement et enrichissement des tâches

L'*élargissement* consiste à regrouper des tâches d'exécution, généralement accomplies par des travailleurs différents, pour faire varier et donner du sens aux activités (ex : être en charge du montage de l'ensemble d'une roue plutôt que du seul vissage des boulons). L'*enrichissement* consiste à intégrer verticalement des tâches propres au niveau hiérarchique supérieur ou aux fonctions support (ex : élaboration des plannings, contrôle de la qualité, recrutement d'un pair, etc.) Ces deux principes s'opposent directement aux principes tayloriens de division verticale et horizontale du travail.

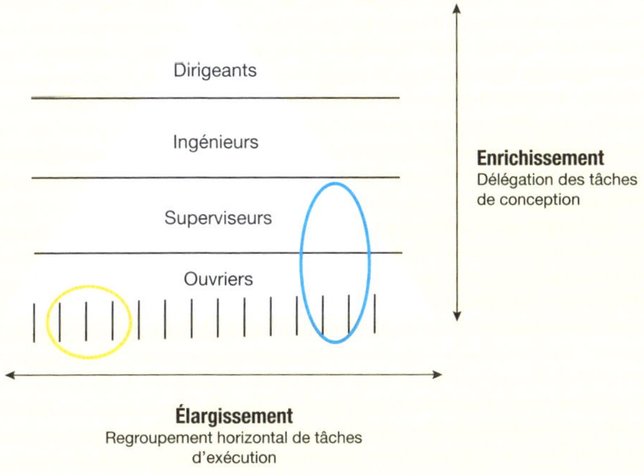

52. Rappelons ici que ces deux notions sont distinctes, même si elles peuvent être liées : si la satisfaction renvoie au « bien-être ressenti » dans le travail, la motivation renvoie à l'intensité des efforts investis dans son travail.

Les travaux d'Herzberg seront enrichis dans les décennies suivantes par ceux d'Edward Deci (1985) qui approfondira la notion de motivation intrinsèque (liée à la nature même du travail), tout en soulignant les limites des motivations extrinsèques (récompenses, punitions, avantages). Il mettra notamment en évidence les trois piliers de la motivation intrinsèque au travail : le désir d'autonomie, soit la capacité à se fixer ses propres règles ; la maîtrise, soit l'envie de développer ses compétences ; le sens, c'est-à-dire la possibilité de travailler pour un objectif plus grand que soi.

McGregor : la théorie X et Y

Le psychologue Douglas McGregor (1906-1964) a, lui aussi, activement participé à faire évoluer les représentations du management et est aujourd'hui abondamment cité par la littérature relative aux entreprises libérées. Ses travaux distinguent ainsi deux conceptions de l'homme au travail, à l'origine de deux conceptions organisationnelles et managériales bien différentes (McGregor, 1960).

La théorie X repose sur trois hypothèses implicites concernant l'homme : 1) l'individu éprouve une aversion innée pour le travail, qu'il fera tout pour éviter ; 2) il n'aime pas les responsabilités, a peu d'ambition et recherche la sécurité avant tout ; 3) il est égocentrique, donc indifférent aux besoins d'une organisation. Compte tenu de ces hypothèses, il faut nécessairement prévoir une organisation du travail et un management contraignant reposant sur : une division maximale des tâches, une chaîne de commandement allongée, des règles et procédures détaillées, des modes de sélection très rigides et un contrôle systématique.

Les dirigeants qui partagent cette vision enclenchent un cercle vicieux : prescription et contrôle entraînent la passivité au travail, qui conduit à la crainte des responsabilités et des prises d'initiatives, qui vient confirmer les hypothèses de la théorie X.

La théorie Y repose sur les prémisses opposées : 1) le travail est une activité physique aussi naturelle que le jeu pour l'homme ; 2) l'individu cherche à satisfaire certains besoins psychosociaux qui l'encouragent à s'impliquer et à prendre des responsabilités ; 3) l'homme est capable d'exercer son imagination, sa créativité au service d'une organisation. Ces hypothèses débouchent sur d'autres formes d'organisation et de management privilégiant : un regroupement optimal des tâches (élargissement des tâches), une décentralisation des responsabilités (enrichissement des tâches), une participation du personnel à la fixation des objectifs, une diminution des échelons hiérarchiques.

Les dirigeants qui adoptent cette théorie enclenchent un cercle vertueux : les espaces d'initiatives et de responsabilités entraînent l'implication du travailleur, confirmant ainsi les hypothèses sur lesquelles repose la théorie Y.

Lewin : leadership et dynamique de groupe

Kurt Lewin (1890-1947) s'inscrit dans la lignée de l'école de la *Gestalt Theory* qui adopte une vision systémique des phénomènes où le tout est davantage que la somme de ses parties. L'individu n'est jamais étudié seul mais dans ses rapports au groupe avec lequel il constitue un «ensemble». Une partie de ses travaux (Lewin *et al.*, 1939) porte sur l'efficacité des activités d'un groupe et le climat social qui se développe, selon le type de leadership qui s'y exerce.

Avec un *leadership autoritaire* qui se tient à distance du groupe et donne des ordres pour diriger les activités, le rendement du groupe est élevé, mais les participants sont défiants, voire agressifs avec le leader.

Avec un *leadership démocratique* qui emploie des méthodes semi-directives visant à encourager le groupe à faire des suggestions, la dynamique de groupe est assez lente à se mettre en place du fait du temps nécessaire à la définition des règles de fonctionnement. Ce temps d'apprentissage commence par diminuer l'efficacité du groupe mais lui permet d'acquérir des compétences réflexives et créatives qui peuvent l'aider ensuite à atteindre une meilleure efficacité. Les relations au sein du groupe sont apaisées, voire conviviales, avec le leader autant qu'entre les membres. Et si le leader doit s'absenter, le groupe se révèle capable de continuer son activité en toute autonomie.

Avec *un leadership «laisser faire»* qui s'implique peu et participe *a minima* aux différentes activités, le rendement autant que le climat social sont mauvais : les individus sont constamment en quête d'informations et de consignes pour réaliser leur activité et peuvent développer des relations conflictuelles qui les amènent à former des clans.

Ces travaux visent à montrer la supériorité du leadership dit démocratique basé sur le dialogue et la participation.

Lewin est aussi connu pour ses travaux sur la dynamique du changement (Lewin, 1947) qu'il aborde comme un élément perturbateur pour le groupe. Le changement est analysé comme un champ de forces auxquelles certains sont favorables et d'autres s'opposent. Il est donc possible de contrôler le changement de deux manières : en augmentant l'intensité ou le nombre de forces favorables au changement; en diminuant l'intensité ou le nombre des forces défavorables au changement. Lewin exprime une préférence pour la seconde option, et préconise d'intervenir sur les normes sociales partagées par les individus du groupe défavorable au changement, soit en réduisant l'attachement à ces normes défavorables, soit en modifiant les normes elles-mêmes.

C'est avec ce modèle théorique en tête qu'il mènera sa fameuse recherche expérimentale visant à accroître la consommation des abats dans un pays peu enclin à ce type de gastronomie (l'Amérique engagée dans la Seconde Guerre mondiale craint une pénurie de viande et cherche à valoriser l'ensemble de l'animal, dont les abats représentent 15 à 20 %). Deux méthodes furent mobilisées auprès de clubs et d'associations féminines de petites villes américaines : l'une, classique, consistait à donner des conférences par un nutritionniste mettant en évidence les mérites nutritifs des abats (groupe 1); l'autre proposait aux femmes invitées, après une brève information reprenant les principaux éléments de la conférence, de débattre du problème en groupe sous la conduite d'un animateur (groupe 2). Là où dans le premier groupe, seules 3 % des ménagères acceptèrent d'acheter et de cuisiner des abats, 30 % de celles du second groupe sautèrent le pas. Lewin montre ainsi qu'il est plus facile de diminuer les résistances au changement en modifiant les normes sociales du groupe par une participation active de ses membres dans le cadre d'une discussion collective. L'interaction sociale et la diversité cognitive permises par la discussion de groupe se révèlent propices à l'émergence de nouvelles conduites.

Likert et les styles de leadership

Les travaux du professeur de psychologie industrielle Rensis Likert (1903-1981) viendront compléter ceux de Lewin sur les styles de leadership (Likert, 1961).

À partir d'enquêtes auprès de directeurs de grandes compagnies d'assurances, il observe que ceux qui ont les résultats les plus médiocres présentent des traits communs : focalisation sur les tâches, surveillance et contrôle. D'autres obtiennent de bien meilleurs résultats, en adoptant envers leurs subordonnés une attitude empathique qui vise à comprendre leurs attentes et valeurs personnelles. Il en conclut, comme beaucoup d'auteurs de l'ERH, que chacun doit se sentir considéré et préconise « la mise en œuvre d'une organisation par groupe de travail au sein duquel les problèmes rencontrés sont abordés et résolus collectivement » (Plane, 2003). À partir de ces constats, il développe une typologie distinguant quatre styles de management.

Le manager autoritaire exploiteur entretient des rapports distants basés sur la défiance, voire la crainte, envers ses subordonnés. Les décisions sont totalement centralisées et la dimension collective de l'activité de travail n'est pas prise en compte.

Le manager autoritaire paternaliste use de rapports directs basés sur la confiance qui se rapprochent pourtant plus de la condescendance : si les salariés sont parfois consultés, ils ne sont pas toujours écoutés, et le niveau de performance de ce type de leadership varie grandement selon la personnalité du dirigeant.

Le manager consultatif cherche à développer le dialogue et les relations de confiance mais avec un système de délégation limité : la consultation des travailleurs vise avant tout à créer une adhésion au projet d'entreprise qui reste défini en haut lieu.

Le manager participatif suscite la dynamique de groupe et l'esprit d'équipe dans une perspective qui n'est pas seulement un moyen mais figure au rang des objectifs stratégiques.

Ce dernier modèle serait, selon Likert, le plus adapté aux environnements dynamiques. Il n'est cependant pas sans difficultés et limites : il nécessite de la part des subordonnés des capacités réflexives et créatives importantes et peut générer du stress et une implication excessive. Il nécessite également une convergence minimale entre les valeurs personnelles des différents membres du groupe.

Argyris et le chemin vers l'organisation apprenante

Pour le professeur de management et psychologue industriel Chris Argyris (1923-2013), chaque individu a un potentiel qui peut être développé ou inhibé par l'organisation et l'environnement particulier du groupe dans lequel il travaille (Argyris, 1957). À partir de l'étude de six entreprises, il constate que les préceptes qui dominent sont plus propices à inhiber ce potentiel qu'à le développer : orientation sur la tâche au détriment de l'analyse des facteurs relationnels et de la dynamique de groupe, valorisation du rationnel au détriment de l'affectif et de l'émotionnel, autorité et contrôle hiérarchique. Il va chercher à élargir la notion d'« efficacité » telle qu'elle est conçue en entreprise : une organisation efficace est certes celle qui atteint ses objectifs mais aussi celle qui utilise de manière optimale toutes les ressources dont elle dispose, en particulier l'énergie humaine qui a pour principale composante l'énergie psychologique. Pour lui, l'efficacité d'une organisation doit également se mesurer à l'aune de sa capacité à permettre à chacun d'atteindre le « succès psychologique », ce qui nécessite de faire évoluer les modes d'organisation et de management.

Le mode de management préconisé pour accroître ce succès psychologique repose sur plusieurs piliers : participation des travailleurs au processus de prise de décision, à la conception du travail, et partage des informations sur les résultats atteints ; changement de valeurs et de comportements des managers désormais orientés vers la confiance et la relation ; décentralisation du contrôle de gestion et meilleure sensibilisation de tous aux aspects économiques de l'activité ; évolution du système de rémunération et d'évaluation des employés, en accordant plus d'attention aux facteurs émotionnels et aux compétences interpersonnelles

Par la suite, Argyris insistera particulièrement sur l'idée que les organisations efficaces du futur seront celles qui se révèleront capables de développer leur faculté d'adaptation grâce à leur capacité d'apprentissage. Il développera ainsi une théorie de l'apprentissage organisationnel, à l'origine de la notion d'« organisation apprenante » (Argyris et Schön, 1978).

Apports et limites de ces modèles

En résumé, retenons que, face à la déshumanisation du travail mécaniste, le courant socialiste utopiste puis l'ERH cherchent à réintroduire la variable humaine dans toute sa richesse et sa complexité tout en assurant l'efficacité de l'action collective.

Si les préceptes du premier courant relèvent avant tout d'un idéal humaniste, les travaux de l'ERH sont en revanche issus d'observations en entreprise. Dans les deux cas, les expérimentations menées restent très localisées. L'expérimentation à plus vaste échelle de ces principes ne commencera véritablement qu'à la fin des années 1960, quand la contestation socio-économique rejoindra un retournement des conditions de marché à la faveur des premiers chocs pétroliers. Le terrain devient alors plus fertile pour ces approches jusque-là qualifiées d'« utopiques » pour les premières et de « psychologisantes » pour les secondes. Il faut toutefois noter que ces deux courants maintiennent la conception du travail entre les mains de « penseurs » ou de « leaders libérateurs » pour ce qui concerne les socialistes utopistes et d'experts pour l'ERH. Les modèles organisationnels ultérieurs tenteront d'aller plus loin, en insistant sur la capacité d'auto-organisation et d'autorégulation des travailleurs.

2. La première génération de NMMO : reconstruction économique et mondialisation

Si la reconstruction économique de l'après-guerre a été menée tambour battant dans une logique correspondant bien à l'efficacité du modèle mécaniste, la première génération de NMMO commence à être mise en œuvre à partir de la fin des années 1960. Étonnamment, ces modèles alternatifs ne proviennent pas des États-Unis (acteur majeur de la reconstruction et du renouvellement des théories organisationnelles), mais d'Europe du Nord et d'Asie.

L'approche sociotechnique et les équipes semi-autonomes

Ce modèle issu des milieux académiques britanniques sera principalement déployé en Scandinavie.

Le Tavistock Institute of Human Relations

Fondé en 1946, le Tavistock Institute of Human Relations de Londres a pour principaux représentants les psychosociologues Frederick Emery (1925-1997) et Eric Trist (1909-1993). Ils défendent une approche qualifiée de « sociotechnique » (Emery et Trist, 1960).

Cette approche peut être vue comme une réaction aux écoles de pensée antérieures qui mettaient l'accent soit sur les aspects techniques de l'organisation du travail (les outils autant que les procédures) à la manière du modèle mécaniste, soit sur ses aspects sociaux à l'instar de l'école des relations humaines. Elle vise à intégrer ces deux approches dans un paradigme unique d'« optimisation conjointe », soulignant de la sorte l'interdépendance des facteurs humains et techniques dans le travail. *A contrario*, « toute tentative d'optimiser l'une sans considérer l'autre conduira à une sous-optimisation de la performance d'ensemble » (Emery, 1972).

La série d'expériences la plus connue du Tavistock Institute porte sur les mines de charbon britanniques. Au sortir de la Seconde Guerre mondiale, l'Angleterre doit accroître la production de sa principale source d'énergie. Alors que l'introduction de nouvelles machines mécanisant l'extraction du charbon est censée doubler la production, la productivité globale réelle baisse et les démissions se multiplient. Les chercheurs du Tavistock Institute vont observer le fonctionnement de deux équipes de travail structurées et organisées de manière très différente dans une mine du Yorkshire. La première équipe suit les principes tayloriens : les tâches et les travailleurs sont encore plus spécialisés qu'avant pour se plier aux exigences de nouveaux équipements. Les conflits avec les agents de maîtrise mais aussi entre ouvriers sont nombreux et l'absentéisme s'accroît. On constate également de très nombreux arrêts machines par suite d'erreurs opératoires, de pannes diverses ou de ralentissement de rythme. La seconde équipe s'est au contraire éloignée des canons habituels pour développer spontanément une forme d'auto-organisation du travail : les ouvriers décident eux-mêmes de la répartition des tâches au sein de l'équipe, se remplacent d'un poste à l'autre et s'entraident. Ils vont même jusqu'à décider de la répartition des primes au rendement individuel de façon égalitaire. Dans cette équipe, la productivité et le climat social se révèlent meilleurs, tandis que les bris de machine, les accidents de travail et l'absentéisme sont moindres.

Les investigations du Tavistock Institute vont révéler que cette coexistence entre équipes tayloriennes et « autonomes » existe aussi dans d'autres mines : une étude comparative, conduite de 1954 à 1958, met en évidence « une production supérieure de 25 %, des coûts réduits de 40 %, des accidents, maladies et absentéisme diminués de moitié dans les équipes autonomes » (Trist *et al.*, 1963).

Les chercheurs préconisent alors de généraliser cette nouvelle forme d'organisation du travail basée sur l'autorégulation de petits groupes. Chaque équipe est appelée à réaliser une palette plus large de tâches avec des objectifs collectifs à atteindre, sans division horizontale du travail ni responsable hiérarchique prédéterminés. Quant au rendement déterminant le salaire, il sera désormais évalué non plus individuellement mais collectivement. Le modèle de ce qu'on appellera ensuite les « équipes semi-autonomes » est né ; il se diffusera principalement en Scandinavie.

Les expériences scandinaves

C'est tout d'abord en Norvège que ce modèle organisationnel sera expérimenté dans un contexte plus porteur qu'en Angleterre : celui des débats sur la « démocratie industrielle »

(1962-1969). Ce programme national était issu d'une forme de dissonance cognitive[53] dans un pays où la social-démocratie politique était vivace et fortement enracinée, mais ne parvenait pas à « infuser » dans le monde de l'entreprise. Le sujet fut abordé non sous la forme d'un débat politique, mais sous l'angle de la recherche-action : confédérations patronales et syndicales s'adressèrent à Einar Thorsrud, directeur de l'Institut de recherches sociales et industrielles de l'Université technique de Trondheim. Les premières expériences consistèrent à permettre à des représentants des salariés de siéger au conseil d'administration, néanmoins les résultats de cette démocratie « représentative » furent décevants quant à leurs effets sur l'implication réelle des travailleurs. Les chercheurs en tirèrent la conclusion qu'il fallait en fait développer une forme de démocratie « directe » au sein même des ateliers (Sailly *et al.*, 2022). On fit alors appel à Frederick Emery du Tavistock Institute pour travailler avec Thorsrud. Quatre recherches-actions furent ainsi menées sous l'égide d'un comité national (composé paritairement de représentants du patronat et de syndicats) avec des résultats très favorables. Dans la première expérience conduite dans une entreprise métallurgique, la réorganisation en équipes autonomes se révéla tellement efficace qu'il fallut interrompre l'expérience : les ouvriers payés aux pièces allaient gagner davantage que les ouvriers plus qualifiés et, pour respecter l'échelle des rémunérations, il aurait fallu augmenter tous les autres salaires. Lors d'une autre expérience, menée dans un atelier de fabrication de radiateurs, l'ensemble du personnel fut progressivement réparti en cinq groupes semi-autonomes : chacun d'eux planifiait son travail sur trois mois, se répartissait les postes de travail, participait aux recrutements, effectuait le contrôle qualité et élisait un représentant au comité de direction. Les cinq représentants des groupes formaient avec le directeur un comité chargé des questions de gestion : plan de production, budget, suggestions, modifications d'organisation ou techniques… Une autre recherche-action dans le transport maritime norvégien montra que l'augmentation de l'autonomie des marins nécessitait préalablement une refonte de l'organisation du navire et une nouvelle répartition des responsabilités (Sailly *et al.*, 2022).

Si la Norvège en resta à des expérimentations (qui se répandirent cependant dans la marine marchande et les instituts d'éducation), le retentissement de la démarche sociotechnique fut bien plus important en Suède qui chercha à généraliser ce modèle : en 1975, un rapport de la confédération patronale suédoise faisait état de quelque 1 000 entreprises ayant engagé une réorganisation du travail d'inspiration sociotechnique. Ericsson en vint

53. Malaise psychologique découlant d'un hiatus entre opinions/discours et pratiques/comportements.

à repenser la taille de ses usines, SAAB supprima les lignes de fabrication, mais l'exemple le plus significatif reste l'usine Volvo de Kalmar qui servit de véritable vitrine au modèle suédois d'organisation du travail (par opposition au modèle américain taylorien-fordien).

Créée en 1974, cette usine d'assemblage est alors organisée en vingt-cinq équipes d'une vingtaine de salariés. Chaque équipe se voit attribuer la responsabilité d'une partie des véhicules à produire qui forme un « tout » (système électrique, direction, cadrans du tableau de bord, aménagement intérieur, équipement de sécurité, etc.). Le responsable d'équipe est choisi par le groupe et la répartition des tâches s'effectue au sein de l'équipe, avec le souci de permettre à chacun d'exécuter une multitude d'opérations pour qu'il ait une vue d'ensemble du domaine dont l'équipe est chargée. Par ailleurs, l'ensemble du bâtiment a été pensé pour favoriser l'autonomie de chaque équipe : chacune dispose d'une aire de travail dédiée, proche des baies vitrées pour maximiser la lumière naturelle. L'acoustique de l'usine a également été travaillée pour descendre à 65 décibels. Des « zones tampons » ont été aménagées entre chacune de ces aires pour permettre de stocker les véhicules en attente afin que chaque équipe puisse travailler à son rythme indépendamment des autres. Chacune des équipes dispose également d'une aire de repos réservée à proximité de son aire de travail. Au milieu de l'usine, les magasins et les pièces de stock sont groupés autour d'un centre commun. Les technologies de production ont, elles aussi, été repensées pour permettre aux travailleurs d'être le plus autonomes possible. Les voitures sont déplacées grâce à un chariot élévateur commandé par impulsions électriques par les travailleurs, qui peuvent librement guider son cheminement : marche, arrêt, vitesse et même nature du parcours. On est ici à l'exact opposé de la chaîne de montage fordienne qui dictait son rythme aux ouvriers : ce sont les ouvriers qui dictent leur rythme à la machine.

Si la performance économique est au rendez-vous ainsi que la baisse de l'absentéisme et du turn-over, la satisfaction des salariés en revanche n'est pas aussi bonne qu'espérée : « L'autonomie accrue, l'allongement des temps de cycle et la réalisation de tâches annexes n'ont pas suffi à faire oublier la nature du travail qui, elle, est restée inchangée, à savoir des opérations sans lien logique entre elles, dont l'ordre de réalisation continuait à répondre au principe d'équilibrage des temps entre les postes de travail et non à un principe d'intelligibilité pour l'opérateur, comme cela sera le cas à Uddevalla » (Charron et Freyssenet, 1994). Une autre usine d'assemblage est en effet développée sur le même modèle à Uddevalla en 1984 avec des résultats encore plus mitigés. L'enjeu n'est plus seulement de concilier la performance productive avec la stabilité et la satisfaction des ouvriers par l'enrichissement du travail : s'y ajoutent des « préoccupations nouvelles de flexibilité et de qualité, tout en ne dépassant pas les temps de montage d'une chaîne classique »

(Charron et Freyssenet, 1994). « Structurellement surdimensionnée et conjoncturellement en sureffectif », cette usine n'atteindra jamais les performances de celle de Kalmar. À partir des années 1990, Volvo voit la vente de ses véhicules particuliers s'effondrer sur les marchés nord-américain et anglais sans espoir de reprise. L'entreprise décide alors de sacrifier ses deux usines expérimentales au profit de son usine originelle de Torslanda, une usine complète (et non de simple assemblage) mais fonctionnant avec une organisation du travail classique.

Pour autant, le modèle initié par Volvo se diffusera au-delà des frontières suédoises. En France, dès la fin des années 1970, Renault expérimente les groupes semi-autonomes dans ses usines du Mans, puis les diffuse à toutes ses filiales européennes à partir de 1993 sous le nom d'UET (unités élémentaires de travail). En 1997, c'est au tour de Peugeot de créer des îlots autonomes de production appelés UEP (unités élémentaires de production).

Apports et limites de ce modèle

L'approche sociotechnique nous sensibilise à l'intrication profonde des dimensions techniques et sociales jusqu'ici disjointes dans la conception des phénomènes organisationnels : la recherche d'efficience passe par la prise en compte conjointe des facteurs techniques et humains. En ce sens, elle paraît être une application concrète au monde de l'entreprise de la pensée complexe qui cherche à révéler plutôt qu'à occulter les « liaisons, articulations, solidarités, implications, imbrications, interdépendances » (Morin, 1977) au fondement des écosystèmes.

Toutefois, malgré des expérimentations audacieuses dans l'automobile, Elsie Charron et Michel Freyssenet (1994) indiquent que les résultats en termes de satisfaction au travail ont été en définitive assez décevants. Si systèmes techniques et systèmes sociaux ont certes été couplés, les premiers semblent avoir continué à dominer les seconds.

Par ailleurs, ce courant avant-gardiste est resté cantonné à la Scandinavie et aux Pays-Bas. Un de ses principaux héritages est d'avoir permis des recherches-actions ambitieuses et des collaborations fructueuses entre chercheurs et syndicalistes. Sur cette base, ces derniers ont beaucoup stimulé des évolutions législatives, notamment en Suède avec la loi sur la codétermination au travail (MBL, 1976) et celle de 1978 sur l'environnement de travail. L'approche sociotechnique semble aujourd'hui tombée dans l'oubli. Elle mériterait d'être redécouverte à la lumière des grands changements technologiques actuels affectant l'organisation du travail et les emplois (Sailly *et al.*, 2022).

Figure II – En résumé : l'approche sociotechnique

⊕ Apports	⊗ Limites
• Prise en compte conjointe des facteurs techniques et humains. • Mise en lumière des équipes semi-autonomes, capables d'auto-organiser leur travail. • Forte implication des syndicats et dialogue social intense → Influence législative.	• Modèle qui s'est peu développé hors de la Scandinavie et des Pays-Bas. • Une influence plus intellectuelle que pratique.

L'école japonaise d'organisation[54] ou les heurs et malheurs du lean

Le dernier tiers du XXe siècle est surtout marqué par l'émergence d'un nouveau modèle organisationnel et managérial venu de l'autre bout de la planète.

L'émergence du modèle japonais est fortement liée au contexte de l'après Seconde Guerre mondiale et aux relations ambiguës qu'entretiennent les Japonais avec les Américains au sortir de la défaite. Comme en Europe avec le plan Marshall, les États-Unis soutiennent massivement la reconstruction du pays, de 1945 à 1960. Dans ce cadre, des experts américains comme W. Edwards Deming (statisticien et consultant en management) et Joseph Juran (ingénieur) viennent accompagner la modernisation des processus de production, en y intégrant notamment les questions de productivité et de gestion de la qualité qui faisait largement défaut aux produits japonais. En repensant à cette période, Taiichi Ohno, ingénieur et chef de production chez Toyota, écrira plus tard : « La leçon à tirer de toutes ces comparaisons n'était évidemment pas qu'un Américain était huit, neuf ou dix fois plus laborieux, ou physiquement plus productif qu'un Japonais ; elle était que ce dernier

54. Nous empruntons cette expression à Yvon Pesqueux et Jean-Pierre Thyberghein (2009).

devait gaspiller beaucoup de son travail» (Ohno, 1978). Les Japonais souhaitent ardemment sortir de cette position humiliante et démontrer leurs capacités propres à faire aussi bien, voire mieux, que les pays occidentaux. Chasse au gaspillage et qualité vont ainsi être au fondement de ce nouveau modèle qui soutiendra la croissance folle du Japon à partir des années 1960. L'entreprise-vitrine de ce nouveau modèle sera Toyota.

Le Toyota Production System

Le TPS ou ohnisme, du nom de son créateur, est généralement présenté à travers un schéma en forme de maison (en fait de temple japonais), dont les fondations représentent les valeurs, les piliers sont les méthodes organisationnelles et le toit figure les objectifs à atteindre.

Figure III – Le temple du TPS

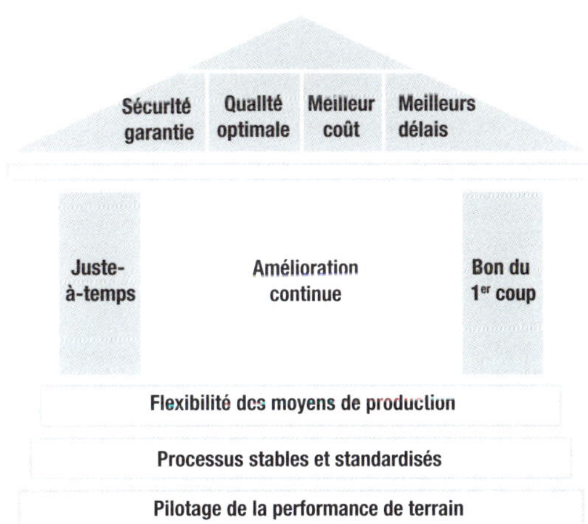

Les publications consacrées à ce qui deviendra le *lean management* sont si nombreuses et foisonnantes que nous nous contentons ici d'en souligner les aspects qui concernent notre sujet.

Le TPS a souvent été appréhendé comme une somme d'outils et de méthodes aux noms ésotériques et mystérieux, engendrant une intense activité de consulting, de formation et de certification, qui a fait perdre de vue qu'il n'est pas une méthode, mais une véritable philosophie de production dans laquelle toutes les pièces du puzzle s'emboîtent. Nous allons nous intéresser particulièrement aux aspects relevant de l'auto-organisation des équipes de travail à travers deux dimensions qui ont souvent été les moins bien comprises lors des premières applications occidentales du système : le Kaizen et les cercles de qualité.

Le terme japonais *Kaizen* est une contraction des expressions « changement » (*Kai*) et « pour le meilleur » (*Zen*), que l'on traduit généralement en français par « amélioration continue ».

Elle implique une politique de « petits pas », encourageant des changements incrémentaux dans le processus productif avec le but d'améliorer la qualité, d'éliminer tous les gaspillages (de temps, de déplacement, d'espace) pour réduire les coûts, tout en améliorant les conditions de travail – car moins de gaspillages revient aussi à soulager le travailleur de tâches inutiles, chronophages et énergivores (Sailly, 2017). La qualité recherchée se veut donc « totale » car elle concerne autant le produit final que le processus productif global qui entoure son élaboration.

Mais surtout, « la caractéristique majeure des démarches d'amélioration continue est la forte implication des opérateurs concernés » (Stimec, 2018). Les ouvriers sont en effet ici considérés comme les mieux placés pour détecter les dysfonctionnements et les gaspillages et pour imaginer les solutions opérationnelles permettant d'y remédier (« c'est celui qui fait qui sait »). La qualité est donc également « totale » dans le sens où elle est l'affaire de tous, tout le temps, et pas seulement des experts ou des techniciens de la qualité, souvent ressentis comme des gendarmes par les travailleurs. Pierre Dubois et Pierre Boutin (1992) rapportent ainsi la boutade lancée par un industriel japonais au retour d'une visite aux États-Unis : « Dans l'entreprise japonaise, l'ennemi, c'est le défaut. Aux États-Unis, l'ennemi, c'est l'inspecteur du contrôle qualité ». Dans le modèle de Toyota, le contrôle qualité est en partie assuré par les opérateurs eux-mêmes et intégré dans le processus de production avec un objectif d'amélioration continue (plutôt que de se satisfaire d'un niveau acceptable de défauts). Et s'il existe bien des procédures préétablies par des experts des méthodes, les opérateurs ont la possibilité de proposer des modifications lorsque ces procédures se révèlent inefficientes afin d'élaborer de nouveaux standards.

La méthode qui va se développer consiste à réunir les acteurs de terrain concernés lors de réunions régulières nommées « *cercles de qualité* » : il s'agit d'« un petit groupe d'ouvriers ou d'employés, amené par un supérieur hiérarchique direct et composé de cinq à dix volontaires du même atelier, du même bureau. Guidés par l'animateur et soutenus par la hiérarchie, ils se réunissent régulièrement (une fois par quinzaine) et sur le temps de travail pour rechercher des solutions à des problèmes qui les concernent et qu'ils choisissent. Les membres du groupe visent à améliorer la qualité de leur production, de leur outil, de leur vie au travail » (Louche, 2019). Leur nombre va exploser et largement déborder l'entreprise Toyota : le premier cercle de qualité a été formé au Japon en 1962. En 1982, on comptait dans ce pays 125 000 cercles de qualité regroupant en tout plus d'un million de travailleurs (Dubois et Boutin, 1992).

À la même époque, la méthode commence à se déployer hors du Japon, notamment dans l'industrie automobile américaine, qui voit sa suprématie menacée, et s'intéresse fortement au miracle Toyota. Le mastodonte national de l'automobile, General Motors, forme en 1984 une *joint-venture* avec l'entreprise japonaise, et plusieurs usines sont alors cogérées par les deux marques, dont la plus importante sera NUMMI (New United Motor Manufacturing, Inc.) à Fremont en Californie (ultérieurement rachetée par Tesla, comme un symbole des mutations économiques aux États-Unis).

Une diffusion distordante : le lean management

En se diffusant mondialement dans les décennies 80 et 90, le modèle Toyota va subir d'importantes distorsions. Une version américaine du modèle japonais émerge, bientôt théorisée par John Krafcik, ingénieur qualité à l'usine NUMMI qui réalisa une thèse au MIT dont il tirera un article intitulé « Triumph of the *Lean* Production System » (*Sloan Management Review*, 1988). Des chercheurs du MIT, James P. Womack, Daniel T Jones et Daniel Roos s'emparent alors du concept et font un succès planétaire de l'ouvrage *The Machine that Changed the World* (1990).

Si l'ouvrage est relativement fidèle au modèle Toyota, les déclinaisons que vont en faire plusieurs générations de consultants à partir des années 1990 seront beaucoup plus sujettes à caution. Michel Godet, entre autres, dénonce ces « japoniaiseries » (Godet, 2007). Le changement de dénomination du modèle n'est d'ailleurs pas anodin : *lean* signifie « amaigrissement » en français (Montreuil, 2016). L'accent est mis avant tout sur la chasse aux gaspillages dans une perspective de réduction drastique des coûts, en accord avec les pratiques de *down sizing* et de *cost killing*. Les technologies robotiques et numériques progressant à grands pas à cette époque, les méthodologies inspirées du lean feront également la part belle à l'automatisation, sans toujours retenir la place centrale qu'y occupe le travailleur. Quant à la qualité, si elle reste un objectif stratégique, la philosophie du Kaizen, qui est pourtant « le ciment de l'ensemble » (Stimec, 2018), est progressivement oubliée et, avec elle le renouvellement organisationnel dont elle était porteuse.

Arnaud Stimec opère ainsi une distinction entre deux types de lean management :

- le lean «réflexif et participatif» (Stimec, 2019) qui rend hommage à la «dimension philosophique» du modèle japonais et à la culture particulière qui le sous-tend ;
- le lean «normatif et prescriptif» (*Ibid.*) qui ne retient que sa «dimension opérationnelle» en le réduisant à quelques méthodes (5S, Kanban…) et au suivi d'indicateurs de performance.

Figure IV – Les deux polarités du lean management

Polarité 1 : réflexivité et participation	Polarité 2 : optimisation et technocratie
Philosophie de progrès continu	Philosophie de lutte contre le gaspillage
Retour réflexif de l'acteur collectif sur sa propre activité	Rôle clé des experts
Analyse continue de la valeur, éventuelle implication du destinataire	Efficience d'abord, définition des besoins tenue pour acquise, conception hors de la boucle
Exploration pratique des possibles = importance du *slack* (des latitudes)	Suppression calculée du gaspillage par rapport à des standards
Performance collective (activité)	Performance individualisée (personne/tâche)

Source : Stimec, A. (2019).

Apports et limites de ce modèle

Si le lean permet des sauts de productivité remarquables, son application mécaniste (ou «théorisation tronquée» – Pardi, 2015) va avoir des conséquences désastreuses sur la santé des travailleurs. Au point que, dans les enquêtes européennes sur les conditions de travail (EWCS, Eurofound), le lean management apparaît comme l'une des organisations du travail les plus défavorables pour la santé physique et mentale des salariés, et ce même comparativement aux organisations de type taylorien. Loin de proposer une alternative au modèle mécaniste, le modèle japonais dévoyé en lean management ne serait qu'une forme de « taylorisation accrue avec la puissance des moyens contemporains, notamment les nouvelles technologies » (Stimec, 2019).

Pourtant, la différence fondamentale entre le modèle japonais originel et le taylorisme tient à la place centrale qu'y occupent le travail en équipe et la mise au point des standards de travail à partir du terrain – ce dernier point représentant pour Pesqueux et Tyberghein (2009) « une brèche dans le grand principe de séparation des rôles entre la conception du travail et sa réalisation ». Ce que François Pellerin et Marie-Laure Cahier (2021) nomment le « design du travail ».

Au-delà de la remise en cause du sacro-saint principe de la division verticale du travail, le retour aux fondements du modèle toyotiste met en lumière : une vision dynamique de l'organisation apte à penser son adaptation permanente, l'importance des échanges d'information et des activités communicationnelles permettant précisément la coordination au plus juste, ainsi que la volonté de développer les effets d'apprentissage et, corrélativement, les compétences des salariés (Aoki, 1988, 1994).

À partir des années 2010, beaucoup d'applications du lean en entreprise viseront à corriger les erreurs du passé en essayant de revenir aux sources du modèle (Pellerin et Cahier, 2021).

Figure V – En résumé : le modèle japonais et ses déclinaisons

⊕ Apports	⊗ Limites
• Qualité totale, chasse aux gaspillages et amélioration continue. • Implication forte des salariés dans les processus d'amélioration continue et la définition des standards. • Réduction de la séparation entre tâches de conception et d'exécution du travail. • Forte augmentation de la productivité à court terme.	• Conçu initialement pour les usines. Difficultés d'adaptation dans d'autres secteurs. • Distorsion en lean orienté sur la compression des coûts. • Montée des troubles musculo-squelettiques (TMS) et des risques psychosociaux (RPS) → épuisement des salariés.

3. La deuxième génération de NMMO : en route pour le XXIe siècle

À partir du milieu des années 1990, la révolution numérique en cours, les « disruptions » provoquées par des concurrents inattendus, la montée en puissance de la concurrence asiatique et la survenue de crises de toute nature, remettent au rang des priorités la recherche de modèles d'organisation adaptés à cet environnement hautement instable et imprévisible.

L'agilité

Face à l'engouement international suscité par le lean, un nouveau modèle organisationnel va émerger au début des années 1990 aux États-Unis pour contrer ce raz-de-marée japonais : celui de l'« agilité organisationnelle ».

L'agilité organisationnelle comme macro-modèle

Ce concept a été développé par quatre chercheurs de l'université Lehigh auxquels le Congrès américain avait commandé un rapport prospectif (Nagel et Dove, 1991) sur la stratégie des entreprises industrielles du XXIe siècle. Ils y constatent que « l'amélioration incrémentale du système de production de masse ne peut suffire face à l'évolution de la concurrence, notamment asiatique, qui a développé un haut niveau de flexibilité » (Charbonnier-Voirin, 2011). En réaction au modèle japonais, ils en appellent à renouveler en profondeur le système productif américain en s'appuyant sur le concept d'« agilité organisationnelle » qui va progressivement se diffuser dans les grandes firmes de l'informatique et des télécommunications, alors en plein développement avec les débuts de la « net-économie ».

La déclinaison opérationnelle de ce concept reste cependant très vague : il renvoie aux capacités d'une organisation à s'adapter continuellement aux fluctuations de son environnement et aux exigences de ses clients, capacités définies par quelques mots-clés sonnant comme autant de slogans : réactivité et flexibilité, anticipation et proactivité, innovation et apprentissage.

Certains chercheurs vont essayer de définir plus précisément ce concept organisationnel, notamment Yusuf *et al.* (1999) dont les travaux cherchent à cerner des « attributs » qui restent toutefois généraux et ambigus : accessibilité de l'information, introduction de nouveaux produits, formation rapide de partenariats, amélioration continue, délais de conception et de production courts, prise de décision décentralisée, etc. Comme on le constate, ces formules renvoient en grande partie à des principes déjà explorés par les précédents courants, plus particulièrement par le modèle japonais (amélioration continue, flux informationnels), et n'apportent pas grand-chose de neuf du point de vue opérationnel.

Dans cette perspective, l'agilité organisationnelle apparaît comme une réponse du continent américain au modèle japonais, à la différence près qu'elle ne se déploie pas dans le secteur de l'industrie automobile, objet iconique du XXe siècle, mais dans celui des technologies de l'information et de la communication qui se sont imposées depuis lors. Ce sont précisément les acteurs du secteur informatique qui vont opérationnaliser ce concept flou.

Méthodes agiles

En réaction au taux d'échec important des méthodes classiques de développement de projets informatiques, dites « en cascade » – trop rigides et descendantes pour parvenir à respecter le budget initial, les délais et les besoins des clients –, plusieurs figures éminentes du développement logiciel vont commencer à élaborer des méthodes « agiles » destinées à maximiser la valeur des produits proposés aux utilisateurs ainsi que la satisfaction des développeurs quant à la qualité des logiciels qu'ils livrent. En 2001, dix-sept de ces « méthodologistes »[55], qui se définissent comme des *organizational anarchists,* se rencontrent pour débattre des critères communs à leurs méthodes respectives. De ces discussions sortira le « Manifeste agile ».

55. Kent Beck, Mike Beedle, Arie van Bennekum, Alistair Cockburn, Ward Cunningham, Martin Fowler, James Grenning, Jim Highsmith, Andrew Hunt, Ron Jeffries, Jon Kern, Brian Marick, Robert C. Martin, Steve Mellor, Ken Schwaber, Jeff Sutherland et Dave Thomas.

Le Manifeste agile

4 valeurs

- Les individus et leurs interactions, de préférence aux processus et aux outils.
- Des solutions opérationnelles, de préférence à une documentation exhaustive.
- La collaboration avec les clients, de préférence aux négociations contractuelles.
- La réponse au changement, de préférence au respect d'un plan.

Ces 4 valeurs se déclinent en **12 principes communs** à toutes les méthodes agiles :

- Satisfaire le client en livrant tôt des logiciels utiles, qui offrent une véritable valeur ajoutée.
- Accepter les changements, même tard dans le développement.
- Livrer fréquemment une application qui fonctionne.
- Collaborer quotidiennement entre clients et développeurs.
- Bâtir le projet autour de personnes motivées en leur fournissant environnement et support, et en leur faisant confiance.
- Communiquer par des conversations en face à face.
- Un logiciel qui fonctionne représente la principale mesure de progrès.
- Garder un rythme de travail durable.
- Rechercher l'excellence technique et la qualité de la conception.
- Les meilleures conceptions émergent d'équipes auto-organisées.
- Rechercher la simplicité.
- À intervalles réguliers, réfléchir aux moyens de devenir plus efficace.

Les méthodes agiles développées par ces méthodologistes sont ainsi beaucoup plus précises que le concept d'agilité organisationnelle et vont permettre de rendre opérationnelle cette capacité d'adaptation permanente. Les plus connues de ces méthodes sont eXtreme Programming (XP) (clairement axée sur les pratiques d'ingénierie logicielle) et Scrum, dont la portée se veut plus large et peut s'appliquer à tout type de projet. Cette caractéristique explique l'adoption majoritaire de cette méthode au sein des entreprises (Digital.ai, 2021), bien au-delà du seul secteur du développement informatique et des départements IT.

Scrum[56] renvoie à une méthodologie de gestion de projet incrémentale et itérative basée sur des équipes de travail polyvalentes et autonomes qui entretiennent un lien étroit avec le client tout au long du processus. Mais Scrum ne s'arrête pas à ces grands principes qui sont aujourd'hui le leitmotiv de toute gestion de projet innovante ; on les retrouve aussi dans le *design thinking* de Tim Brown (2010) ou le *lean startup* d'Eric Ries (2012) : la méthode détaille tout le processus opérationnel. Scrum déploie ainsi tout un arsenal d'outils et de « cérémonials », à l'origine d'un jargon technique assez complexe pour les néophytes, tels que les rôles (*Scrum master, product owner*), les blocs de temps (*release, sprint*), les rituels (mêlées quotidiennes ou *stand-up meetings*, revue de sprint, rétrospective, etc.) et les artefacts (*backlog*[57] notamment).

L'une des caractéristiques fortes de l'agilité, que Scrum permet d'opérationnaliser, est l'auto-organisation des équipes de travail. Ce principe signifie « que les membres de l'équipe s'organisent eux-mêmes et n'ont pas besoin d'un chef qui leur assigne le travail à faire » (Aubry, 2010). Cette auto-organisation, favorisée par la petite taille de l'équipe (de 2 à 7 personnes) et les nombreux cérémonials, se manifeste par une collaboration et une communication intenses entre les membres. Le principe d'auto-organisation implique également une équipe polyvalente qui concentre toutes les compétences nécessaires au développement du produit. Il n'y a pas de rôle spécialisé et prédéfini ni de hiérarchie interne : c'est l'équipe polyvalente qui définit elle-même la façon dont elle répartit et organise son travail.

Apports et limites de ce modèle

L'histoire de l'agilité révèle ainsi deux paternités bien différentes entre flou théorique et hyperformalisme opérationnel. D'une part, celle des chercheurs de l'université de Lehigh qui, partant d'une analyse macro-économique, développent le concept d'agilité organisationnelle qui restera assez vague et peu opérationnel. Ce flou conceptuel initial explique en grande partie les multiples bricolages organisationnels (Boboc et Metzger, 2020) dont fait l'objet l'agilité dans les entreprises. D'autre part, la paternité des méthodologistes – développeurs, entrepreneurs – qui, partant d'une analyse micro, constatent la piètre qualité des produits logiciels développés et l'insatisfaction tant des développeurs que des clients, et développent sur le terrain des méthodes très formalisées (telles que Scrum).

56. Le terme anglais *scrum* signifie « mêlée » : cette méthodologie s'inspire des valeurs et de l'esprit du rugby pour les adapter aux projets de développement logiciel en promouvant la formation d'une équipe de développement multifonctionnelle et soudée pour l'atteinte d'un objectif précis (comme le « pack » lors d'un ballon porté au rugby) aiguillée par un Scrum master (dont le rôle est similaire à celui d'un demi de mêlée) qui donne la direction et le tempo.

57. Liste de tâches priorisées définissant les caractéristiques du produit.

Si ces méthodes ont l'avantage d'être tout à fait concrètes et se sont rapidement répandues dans le monde entier, elles souffrent toutefois de deux limites majeures. Tout d'abord, elles sont cantonnées aux processus de travail des équipes opérationnelles et ne remontent pas jusqu'au modèle organisationnel d'ensemble de l'entreprise. De plus, leur formalisation extrême semble souvent en contradiction avec la souplesse recherchée. Les bouleversements managériaux et culturels induits par le modèle sont pourtant assez profonds.

Du point de vue organisationnel, les rôles sont totalement distribués et les prises de décision opérationnelles déléguées au niveau le plus proche du terrain, au sein d'équipes autonomes et polyvalentes où les projets sont réalisés étape par étape. Les opérationnels s'auto-organisent et les clients sont régulièrement consultés avec un objectif d'amélioration continue des processus de travail. On retrouve ici en substance les principes des équipes semi-autonomes mais également du Kaizen, tout en intégrant la figure du client au sein même du processus productif, lors des revues de sprint où l'équipe présente l'incrément réalisé.

Du point de vue managérial, l'enjeu n'est plus de surveiller, contrôler et sanctionner mais de soutenir, animer et faciliter : on retrouve ici la posture de *manager coach* ou de *servant leader* mise au jour dès les années 1920 par Mayo, et théorisée ensuite par Lewin et Likert dans leurs travaux sur les styles de leadership. Le principal apport de l'agilité est de rendre ce nouveau rôle totalement visible avec les figures, d'une part, du *Scrum master* (orienté animation et formation aux process de travail au sein de l'équipe) et, d'autre part, du *product owner* (chargé de représenter l'intérêt du client et de l'usager final).

D'un point de vue culturel enfin, il s'agit d'opérer une totale « remise en question des normes établies et de l'autorité hiérarchique » (Aubry, 2010). Ce dernier aspect est en réalité celui qui conditionne les deux premiers.

Dans la pratique, l'agilité est souvent réduite à une somme d'outils formels, qui la font tomber dans les travers déjà vécus lors de l'importation du modèle japonais – les risques psychosociaux en moins lorsqu'agilité n'est pas seulement confondue avec vitesse de développement.

Pour passer l'agilité à l'échelle de l'entreprise, SAFe se présente comme *la* solution. Le Scaled Agile Framework (SAFe), conçu par Dean Leffingwell et Drew Jemilo[58] en 2011, se veut le méta-complément de Scrum : il propose une méthodologie pour déployer les processus agiles à l'échelle des grandes entreprises impliquant une multitude d'équipes

---

58. Tout comme les 17 à l'origine du Manifeste agile, Leffingwell et Jemilo sont des « méthodologistes » qui ont contribué à opérationnaliser les méthodes agiles, ce qui les a conduits à créer ou à rejoindre des entreprises de consulting dans le domaine.

Figure VI – Configuration « Full SAFe », présentée comme la plus complète

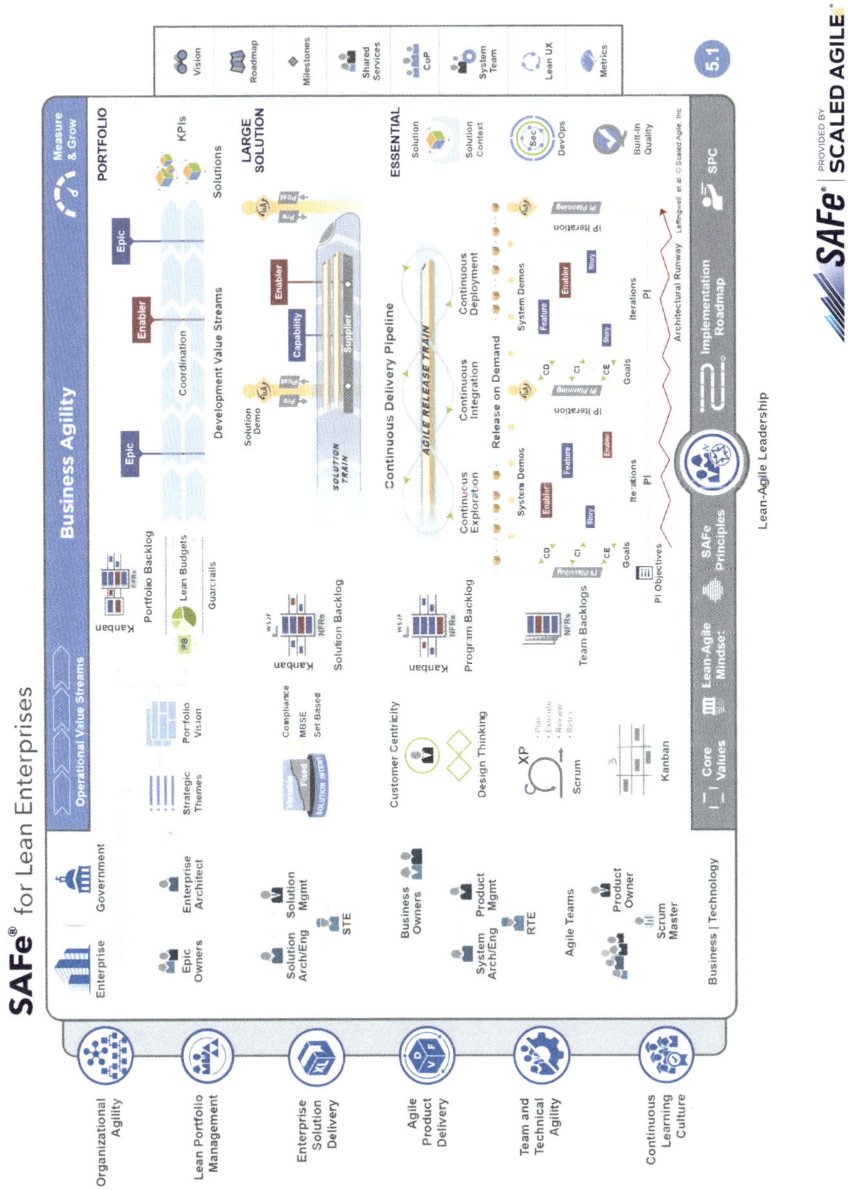

Source : Scaled Agile Framework.

qui travaillent parfois de manière interdépendante sur des projets complexes. Cette méthodologie reprend les principes agiles appliqués aux équipes de travail, tout en permettant de coordonner ces dernières selon une approche systémique. La focale se veut ainsi beaucoup plus large en incitant l'ensemble de l'entreprise, et plus seulement les opérationnels, à adopter une culture agile alignée sur la stratégie d'entreprise. Les dirigeants sont particulièrement interpellés par cette méthodologie qui les incite à développer, eux aussi, un comportement de leadership agile. De l'autre côté du spectre, les opérationnels sont, quant à eux, incités à adopter une vision économique de leur activité de travail. La perspective de SAFe est alléchante mais elle semble au final avoir abouti à une nouvelle usine à gaz hyperformalisée, difficile à appliquer.

Marco Lima et Michel Dalmas (2017) dessinent, quant à eux, une autre perspective en invitant à coupler le modèle agile avec celui des entreprises libérées : là où le premier se concentre sur la structure et les processus, le second se focalise sur le management et la culture. Les auteurs préconisent d'intégrer ces deux courants dans un modèle hybride pour que chacun compense les limites de l'autre. Cette piste paraît en effet intéressante pour former un modèle sociotechnique cohérent où facteurs technico-organisationnels et humains sont pensés de concert, comme le préconisait déjà le Tavistock Institute.

Figure VII – En résumé : l'agilité

⊕ Apports	⊗ Limites
• Un modèle conçu à partir des besoins du terrain dans un secteur spécifique (IT). • Équipes autonomes de petite taille, réunissant toutes les compétences requises. • Subsidiarité : décisions au plus près du terrain. • Utilisation de méthodes incrémentales et itératives. • Décisions fondées sur les données (plus que sur les opinions, l'expertise ou la séniorité). • Forte orientation client.	• Hyperformalisme pouvant réduire la souplesse recherchée. • En pratique, souvent cantonnée à des méthodes, sans prise en compte des transformations managériales et culturelles véhiculées par le modèle.

Les entreprises libérées

Contrairement aux modèles précédents, celui des entreprises libérées n'est rattaché à aucune aire géographique ou période particulière : on en trouve des exemples aussi bien en Europe[59], en Amérique[60] qu'en Orient[61].

Si sa popularité s'est fortement accrue en ce début de XXIe siècle suite à la publication de l'ouvrage d'Isaac Getz[62], propulsant l'expression d'« entreprise libérée » dans les médias, le premier théoricien contemporain des entreprises libérées est le consultant Tom Peters (1993) avec un ouvrage paru au début des années 1990. Mais jusqu'à la parution de l'ouvrage de Getz et Carney (2012), les chercheurs, tout comme le grand public, s'intéressaient peu à ce modèle. En revanche, à partir de 2015, c'est l'explosion. Au point même que certains, allant un peu vite en besogne, n'hésitent pas à recouvrir de l'étiquette « entreprise libérée » toutes les formes d'organisation prônant une autonomie radicale, quelles que soient leurs spécificités (Mattelin-Pierrard *et al.*, 2020).

Tout comme les méthodes agiles sont nées en réaction aux frustrations que générait la mauvaise qualité du processus de développement logiciel, les entreprises libérées naissent en réaction aux pesanteurs hiérarchiques et bureaucratiques du modèle mécaniste persistant.

Une définition floue

Au-delà de la formule choc (Landivar et Trouvé, 2017) et séduisante, la notion d'entreprise libérée interroge : qui est libéré de quoi au juste ? Les incertitudes qui imprègnent ce concept conduisent d'ailleurs Weil et Dubey (2020) à éviter l'utilisation de cette expression « porteuse de contradictions, notamment sur le rôle du libérateur et sur ce dont il s'agit de se libérer ». De même pour Gilbert *et al.* (2017), « le concept même de

---

59. On peut ici citer les entreprises vitrines du mouvement de libération en France que sont successivement Favi (dont le dirigeant libérateur Jean-François Zobrist a fait beaucoup pour publiciser le modèle bien avant l'ouvrage d'Issac Getz), Poult, puis Chronoflex (dont le dirigeant Alexandre Gérard semble avoir repris le flambeau de Zobrist). On peut également mentionner l'expérience moins connue menée en Europe par l'entreprise tchèque Bata dans les années 1920.

60. Citons ici l'entreprise Gore dans les années 1950, souvent présentée comme la première entreprise libérée américaine, et Harley Davidson dans les années 1970-1980 ou Zappos dans les années 2000.

61. Citons ici l'entreprise indienne de service informatique HCL Technologies dirigée par Vineet Nayar (2018).

62. Co-écrit avec Brian Carney, publiée en version anglaise en 2009 sous le titre *Freedom Inc*. Et traduit en français en 2012.

liberté renvoie à des interprétations différentes, non explicitées par les protagonistes des entreprises étudiées. Or, cet impensé laisse l'espace vacant à toutes les interprétations possibles».

On peut notamment dégager deux types d'interprétation, perçus par certains comme complémentaires mais par d'autres comme contradictoires : s'agit-il de libérer les salariés d'un management infantilisant qui les empêche de travailler correctement et d'exprimer leur plein potentiel? (Picard, 2015) Ou s'agit-il de libérer l'entreprise des pesanteurs hiérarchiques et bureaucratiques pour permettre aux salariés de mettre tout en œuvre pour réaliser le projet de l'entreprise? (Getz et Carney, 2012)

L'objectif comme le point de focalisation peuvent donc être assez différents : bien-être des salariés ou pleine soumission aux objectifs de l'entreprise? Les diverses conceptions mélangent allègrement les deux. Et c'est bien le ressort marketing du modèle «libéré» que de répondre tout à la fois aux aspirations des salariés et aux préoccupations des dirigeants, désireux de combiner la productivité au développement d'organisations réactives, créatives et innovantes. Dans cette nouvelle vision de l'entreprise, les représentations traditionnelles d'un antagonisme irréductible de classe hérité de l'économie politique marxiste sont souvent considérées comme antiques et caricaturales. On passe de la subordination tyrannisée au monde joyeux des Bisounours dans un enthousiasme tout aussi caricatural.

Comment opérationnaliser l'entreprise libérée?

Comment faire pour atteindre concrètement cet idéal, pour ne pas dire cette utopie? (Dortier, 2017)

En rupture avec le modèle mécaniste, Getz s'oppose à toute recette clés en main. Il encourage le développement d'une nouvelle «attitude» au sein de l'entreprise, plutôt qu'une procédure à suivre, même si l'on peut repérer quelques grandes étapes dans le propos (voir encadré ci-contre).

Quelques étapes du processus de libération selon Getz et Carney

Les personnes en position d'autorité doivent commencer par renoncer aux symboles et aux pratiques qui empêchent les salariés de se sentir égaux pour instaurer un climat de confiance (ex : places réservées dans les parkings ou à la cantine ; un bureau plus grand, lumineux et situé aux étages supérieurs, etc.).

Le dirigeant de l'entreprise doit ensuite partager « ouvertement et activement sa vision de l'entreprise » (le *quoi* et le *pourquoi*[63]), pour permettre aux salariés de la comprendre afin de se l'approprier. Ce projet d'entreprise se doit d'être inspirant pour mobiliser l'ensemble des acteurs.

Enfin, les managers, les cadres et les dirigeants doivent cesser de dire aux subordonnés comment travailler et leur demander plutôt ce qu'ils ont à proposer. C'est ainsi que, progressivement, un nouvel environnement de travail émerge : d'abord co-construit par la direction et les salariés, l'objectif est qu'à terme ces derniers soient en mesure de s'auto-diriger.

Une fois le processus en branle, il revient au dirigeant de rester vigilant pour éviter toute dérive.

La marche à suivre paraît donc simple : « Les auteurs considèrent que l'essentiel est de convaincre le P-DG de lâcher prise, de renoncer à tout contrôler et de déléguer largement à ses collaborateurs » (Weil et Dubey, 2020). L'enjeu serait donc avant tout de « libérer » les dirigeants de leur « ego […] qui ne se manifeste pas seulement par une volonté de dominer les autres mais aussi parfois tout simplement par un aveuglement quant à leurs propres faiblesses, à leur incomplétude et une croyance qu'ils doivent tout contrôler et savoir tout ce qui se passe dans l'organisation pour que les bonnes décisions soient prises » (Ledoux, 2017). Getz se focalise ainsi davantage sur le personnage du leader libérateur que sur de nouvelles formes organisationnelles qui seraient propres aux entreprises libérées (Casalegno, 2017). Weil et Dubey (2020) ont donné une vision beaucoup plus précise des pratiques et modes opératoires, à travers l'analyse d'une dizaine d'études de cas approfondies concernant des transformations menées plus ou moins sous l'étiquette « entreprise libérée ».

63. Nous empruntons à Weil et Dubey (2020) cette distinction entre le quoi, le pourquoi et le comment.

Dé-manager ou mieux manager ?

L'entreprise libérée interroge particulièrement le rôle et la posture du manager, sans que ces questions ne soient toujours abordées de manière approfondie. Ce qui laisse une nouvelle fois libre court à des interprétations antinomiques.

Certains plaident pour un renouveau du rôle managérial : là où les salariés étaient auparavant au service d'un manager lui-même au service de la direction, le manager est désormais au service des salariés qui sont eux-mêmes au service du client, d'où la notion de « pyramide inversée ». Ici encore, le manager devient un coach et un *servant leader* (comme dans l'ERH ou les méthodes agiles) qui doit revoir l'ensemble des préceptes et des méthodes à la base de son métier : il ne s'agit plus de dire aux salariés comment travailler mais de leur permettre de travailler dans les meilleures conditions possibles, en jouant un rôle d'animateur et de facilitateur au sein de collectifs de travail considérés comme autonomes et responsables.

D'autres en concluent qu'il faut purement et simplement supprimer la figure du manager, devenue obsolète. Tom Peters (1993) n'hésitait pas à déclarer que « l'encadrement intermédiaire ne crée plus de valeur ajoutée. Il peut même lui nuire ». Ce glissement radical s'est traduit dans les années 2010 par une floraison d'articles de presse sur la « fin du management », expression qui sera même, à la faveur d'un contresens, élevée au rang de titre de la traduction d'un livre de Gary Hamel, dont le titre original était pourtant *The Future of Management* (Hamel et Breen, 2007). Pourtant, la destruction du corps intermédiaire régulateur que représentent les managers laisserait les salariés dans un tête-à-tête exclusif avec le dirigeant (forcément bienveillant !), ouvrant ainsi la voie à toutes les formes d'excès ou de domination. Notons que, dans la conception de l'entreprise libérée, les syndicats deviennent également superfétatoires.

La crise pandémique aura montré la vanité de ces conceptions et le besoin de mieux manager, plutôt que de « dé-manager ».

Apports et limites de ce modèle

La médiatisation du mouvement des entreprises libérées a eu le mérite de remettre en lumière bon nombre de principes organisationnels déjà éclairés par les « écoles » précédentes : les principes d'enrichissement des tâches de l'ERH et les équipes semi-autonomes du Tavistock Institute, le principe des cercles de qualité du modèle japonais, celui de la transformation des rôles managériaux encouragés par les méthodes agiles et, plus largement, le principe d'auto-organisation de groupes restreints polyvalents, qui semble être un dénominateur commun à tous les NMMO. L'apport du modèle de l'entreprise libérée serait ainsi de représenter « une combinaison originale, voire inédite, d'attributs, pour la plupart, reconnus eux-mêmes comme des concepts plus ou moins anciens » (Mattelin-Pierrard *et al.*, 2020).

Toutefois, le mouvement s'est initialement propagé avec très peu de regard critique. Les ouvrages à l'origine de l'engouement pour ce modèle se fondent largement sur des déclarations enthousiastes de dirigeants « libérateurs », souvent sans prendre la peine d'écouter les « sons de cloche » potentiellement différents des autres acteurs de terrain[64], salariés et managers. Comme le souligne Dortier (2017), « les salariés sont les grands absents de *Liberté & Cie*. Les seuls à avoir la parole et à vanter les mérites de la formule sont une poignée de "leaders libérateurs" et de consultants qui promeuvent la formule ». Or, une démarche de « libération » est nécessairement déstabilisatrice pour les acteurs de terrain.

Les managers doivent en effet réinventer leur rôle et se départir de leurs prérogatives sans toujours bénéficier de l'accompagnement idoine. Parfois même, il s'agit purement et simplement de se débarrasser d'eux, faisant de la libération un paravent sexy qui dissimule en fait un plan social (dont les victimes ne sont plus les opérateurs mais les cadres, permettant de la sorte des économies bien plus importantes en termes de masse salariale) (Collectif des mécréants, 2016).

Quant aux salariés, ils se trouvent, pour un temps, privés de leurs repères habituels. Il leur incombe la responsabilité d'inventer de nouvelles habitudes de travail horizontales, ce qui, loin de libérer leur potentiel, conduit bien plus souvent à accroître leur anxiété. Les plus investis dans les processus peuvent développer un surinvestissement pathogène pouvant conduire au *burn-out* et participant à une « servitude librement consentie ». L'impossibilité de « cristalliser » de nouvelles routines au prétexte de s'adapter en permanence à la fluidité du marché peut engendrer un risque de déstabilisation non plus temporaire mais permanent.

64. La place que tiennent les acteurs de terrain lors des enquêtes effectuées par Getz et Carney (2012) est très restreinte : « Dès que l'occasion se présentait, nous arrêtions quelqu'un dans le hall d'entrée (une personne qui n'avait pas été briefée en vue de notre visite, et à qui on n'avait pas donné de consignes sur ce qu'elle devait nous dire) et nous lui demandions ce qu'il pensait de la culture de son groupe. » C'est ce qui a conduit Weil et Dubey (2020) à adopter une méthode d'enquête différente.

Les dirigeants eux-mêmes, appelés à lâcher prise et à composer avec l'indétermination, dans un environnement économique où la compétition est acérée et les règles de plus en plus contraignantes, ne sont pas exempts de stress : une démarche de libération représente pour eux aussi une prise de risque extrêmement anxiogène. Comme le soulignent Lima et Dalmas (2017), « peu de leaders sont capables de faire un tel saut. Cette transformation nécessite le courage de quitter une zone de confort et de faire une transition difficile, au cours de laquelle la performance peut diminuer ».

La thèse d'Hélène Picard (2015) se fait ainsi l'écho de toute une part d'ombre, évacuée des discours promotionnels : « Derrière les discours d'enthousiasme et d'unanimité, nous avons perçu des vécus difficiles, des expressions de souffrance, de déception, de malaise. »

Face à ces limites, la réflexion actuelle évolue vers une entreprise qui serait plutôt « délibérée » (Detchessahar, 2019) que libérée : lieu non pas d'autonomie et de liberté individuelle mais d'interdépendances et de délibérations, l'entreprise est ici appelée à refonder ses principes organisationnels autour de « l'agir communicationnel » habermassien (Habermas, 1987). Mathieu Detchessahar en appelle à développer un « management du dialogue » permettant de tisser et de retisser en permanence les fils de l'action commune – un mouvement à l'origine duquel se trouvent les travaux de Clot (2014, 2021) promouvant la « dispute professionnelle » autour de ce qu'est un travail bien fait en faveur de la santé des salariés.

Figure VIII – En résumé : l'entreprise libérée

⊕ Apports	⊗ Limites
• Lâcher-prise du dirigeant. • Équipes de petite taille (mini-usines, *squads*, etc.). • Tâches organisationnelles déléguées au collectif (Achats, RH, Relation client, etc.). • Pyramide inversée. • Un succès dans l'air du temps incitant à la libération des imaginaires.	• Un terme ambigu : libérer de qui, de quoi ? • Des principes flous et non opérationnalisés. • Une transformation souvent anxiogène pour les managers, les salariés (et même le dirigeant). • Une réversibilité constatée lors de changements de dirigeant ou d'actionnaires.

L'holacratie

Sociocratie

Le modèle holacratique est souvent rattaché à celui de l'entreprise libérée. À l'origine de l'holacratie se trouve cependant un autre modèle : celui de la sociocratie dont il reprend les fondamentaux (Battistelli, 2019). Ce terme fut inventé par le philosophe français Auguste Comte (1798-1857) pour désigner la capacité d'auto-organisation des groupes sociaux. La sociocratie signifie littéralement « gouvernement par la société » (et non par le peuple comme pour la « démocratie »). La société est ici appréhendée comme un ensemble d'individus formant société, c'est-à-dire partageant une mission, des règles de fonctionnement et des objectifs qu'ils souhaitent réaliser ensemble, là où un peuple se définit comme un ensemble d'individus formant une nation car vivant sur un même territoire, soumis aux mêmes lois et institutions politiques et partageant une même culture, ethnie ou religion.

Le psychosociologue hollandais Kees Boeke (1884-1966) reprit ce terme de « sociocratie » pour décrire un mode d'organisation reposant sur trois règles qu'il expérimenta dans l'école où il enseignait (la Werkplaats Community School) :

- les intérêts de tous les membres sont pris en considération, chacun acceptant de se soumettre aux intérêts de la communauté ;
- une solution n'est adoptée que si elle est acceptée par ceux qui vont la mettre en œuvre ;
- tous les membres sont prêts à agir conformément aux décisions prises unanimement.

L'un de ses élèves, Gerard Endenburg, continua cette expérimentation au sein de l'entreprise d'électronique qu'il avait héritée de son père (Endenburg Elektrotechniek BV) et la compléta par une quatrième règle : celle *d'équivalence*, affirmant que chacun est sujet et non objet du projet commun, et est également nécessaire au bon fonctionnement de l'entreprise collective. Concrètement, l'équivalence implique que chacun a le droit de consentir ou non à une décision qui modifie de façon significative et durable les orientations et modalités de son travail, du travail de son équipe, voire de toute l'organisation.

Au fil de l'expérience menée dans son entreprise, Gerard Endenburg va formaliser quatre principes organisationnels qui se retrouveront dans le modèle holacratique.

- Organisation par «cercles» semi-autonomes et interreliés, composés de personnes partageant une mission commune (ex : un atelier de production, un service précis mais aussi un groupe projet ou un groupe de réflexion). Chaque cercle poursuit un but clairement identifié et décide de son mode de fonctionnement (organisation du travail, définition et évaluation de ses objectifs, etc.). En revanche, un cercle ne fonctionne pas de manière totalement autonome puisqu'il doit s'articuler avec les autres cercles auxquels il est relié.

- Prise de décision par «consentement» : là où le consensus implique que tous les participants doivent être d'accord pour qu'une décision soit prise, le consentement n'implique pas une approbation active de chaque participant mais nécessite seulement qu'aucune objection motivée ne s'oppose à la décision selon l'adage «qui ne dit mot consent».

- Représentation et interrelation des cercles par un système dit de «double lien» : les membres d'un cercle vont choisir un représentant (nommé «premier lien») pour siéger dans un autre cercle, qui lui-même choisira un représentant pour siéger dans le premier cercle (où il sera appelé «second lien»).

Figure IX – La notion de « double lien » holacratique

- Processus d'«élection sans candidat» : ce premier lien est élu par les membres du cercle selon une procédure particulière dite sans candidat. Après avoir défini ensemble les qualités requises pour le poste, chaque membre du cercle désigne la personne qui lui paraît la plus à même de remplir la mission et argumente son choix. Après une discussion ouverte dans le cercle, la décision est prise par tous sur la base du consentement.

Holacratie

L'holacratie va reprendre les quatre principes de la sociocratie (cercle, consentement, double lien, élection sans candidat) en leur donnant un cadrage opérationnel plus formel.

Le modèle a été conceptualisé par Brian Robertson, ingénieur en informatique, insatisfait des pratiques organisationnelles des entreprises pour lesquelles il travaillait. On retrouve ici une situation similaire à celle qui a guidé l'émergence des méthodes agiles.

Robertson va donc créer sa propre entreprise de développement de logiciels (la Ternary Software) qui deviendra pendant cinq ans (de 2001 à 2006) le terrain expérimental pour prototyper et solidifier cette nouvelle manière d'organiser le travail. Les principes sociocratiques systémiques vont alors se mêler aux processus itératifs et adaptatifs propres aux méthodes agiles, ici appliquées non plus seulement à la gestion de projet mais également à l'échelle de la structure de l'entreprise.

L'un des apports majeurs du modèle élaboré par Robertson est d'identifier la « raison d'être » de l'organisation, qu'il définit comme « le potentiel créatif le plus profond que l'organisation peut durablement exprimer dans le monde, compte tenu de l'ensemble des contraintes auxquelles celle-ci est soumise et de toutes les choses dont elle dispose. Il s'agit notamment de son histoire, de ses capacités actuelles, de ses ressources disponibles, de ses associés, de son caractère, de sa culture, de la structure d'affaires, de la marque, de la connaissance du marché, ainsi que toutes les autres ressources ou facteurs pertinents » (Robertson, 2015). Cette raison d'être joue un rôle superstructurant dans l'organisation en fédérant l'ensemble des énergies individuelles, et se décline également pour chacun des cercles de l'organisation.

Le premier lien doit ainsi porter la raison d'être de son cercle au sein des autres cercles dans lesquels il siège, mais il est également chargé de distribuer les rôles au sein de son cercle. La notion de « rôle » se veut bien plus large que celle de « tâche » puisque certains rôles ont trait à des compétences transversales et non spécifiquement relatives au cœur de métier. Celui à qui est attribué un « rôle » est entièrement responsable d'un « domaine » dont il est « redevable » : chacun est ainsi leader dans les domaines qui lui sont confiés, tout en étant subordonné à d'autres personnes sur d'autres domaines.

Ce modèle distingue également *deux types de réunion* au sein des cercles : les réunions de *triage*, relatives à l'organisation du travail quotidien au sein du cercle, et les réunions de *gouvernance*, relatives au mode de fonctionnement du cercle. C'est à cette occasion que de nouveaux rôles et cercles peuvent être créés et d'autres supprimés, notamment en fonction des « tensions » qui s'y expriment (issues de l'écart ressenti entre ce qui est et ce qui pourrait être). Ces tensions doivent être considérées comme nécessaires à l'évolution de l'organisation : elles doivent donc être prises en compte pour assurer une amélioration continue de l'organisation, tout en étant respectueuses de sa raison d'être. Pour que ces tensions puissent s'exprimer de manière constructive, le *processus de prise de décision par consentement* est également approfondi. Ce processus va être facilité par deux rôles d'animation : celui de facilitateur (qui anime les discussions et les prises de décision) et celui de secrétaire (chargé de prendre des notes pour garder une trace des échanges et des décisions prises). Les échanges sont également structurés par un canevas précis : présentation de la proposition, demandes de clarification, expression d'objections argumentées, amendement de la proposition.

Robertson synthétisera ces principes en 2010 dans une constitution et fondera une nouvelle entreprise, HolacracyOne, qui accompagne les entreprises pour mettre en œuvre ces principes (et qui a déposé la marque sous le nom Holacracy).

Apports et limites de ce modèle

Tout comme les entreprises libérées, l'holacratie unifie des pratiques jusqu'alors scindées dans des sources d'inspiration éparses : les cercles renvoient aux groupes semi-autonomes, et les réunions de gouvernance font écho aux cercles de qualité où l'on tente de résoudre les problèmes par l'amélioration continue. Mais elle s'en distingue par une formalisation précise de mécanismes à mettre en œuvre, combinant démocratie représentative (représentation des cercles au sein des autres cercles) et directe (décision au consentement, élection sans candidat). La spécificité la plus évidente de l'holacratie par rapport aux entreprises libérées réside certainement dans son degré de formalisme élevé, à l'image des méthodologies agiles. L'holacratie représenterait-elle alors le mariage réussi des entreprises libérées et des méthodes agiles que Lima et Dalmas (2017) appelaient de leurs vœux ?

Tout comme pour les méthodes agiles, le haut niveau de formalisme de ce modèle représente aussi sa principale pierre d'achoppement. La « constitution » et le jargon qui l'accompagne posent en effet de nombreuses difficultés d'appropriation, quand ils ne sont pas jugés par les acteurs comme excessifs, voire ridicules, et quand ils ne provoquent pas un chaos organisationnel.

Figure X – En résumé : l'holacratie

⊕ Apports	⊗ Limites
• Équipes plus autonomes. • Un leadership déconcentré et tournant (rôles et cercles). • Principes opérationnels combinant : - Démocratie représentative (1er lien) ; - Démocratie directe (élection sans candidat, décision au consentement) ; - Types de réunions (gouvernance et triage).	• Hyperformalisme et jargon. • Modèle à l'appropriation compliquée. • Peut dissimuler le maintien de hiérarchies très traditionnelles. • Chaos organisationnel possible.

Les organisations opale

Le courant des organisations «opale» peut être rattaché au même courant que les entreprises libérées et holacratiques. Avec une différence notable toutefois : si le concept d'entreprise libérée a plusieurs pères (Peters, Zobrist, Getz) et si les ramifications de l'holacratie sont multiples (sociocratie d'Auguste Comte opérationnalisée par Gerard Endenburg, holacratie de Brian Robertson), l'organisation opale, elle, semble pour l'heure être le fait d'un seul homme, dont le livre a rencontré un engouement mondial : Frédéric Laloux (2014). Ancien partenaire associé chez McKinsey, Laloux a choisi d'abandonner son poste pour consacrer plusieurs années à l'étude de 45 entreprises selon une méthodologie proche de celle qui avait été suivie par Getz et Carney (ici encore, les enquêtes portent sur des entreprises disparates et laissent au final peu de place à la parole des salariés au profit des déclarations des dirigeants).

Une typologie originale des stades d'évolution des organisations

Laloux a réalisé un important travail de synthèse théorique sur l'évolution des formes organisationnelles au cours de l'histoire de l'humanité. Ce travail d'analyse l'amène à distinguer cinq stades d'évolution organisationnelle (auxquels, par souci de pédagogie, il associe une couleur).

- L'organisation rouge guidée par l'impulsivité, symbolisée par la meute, où l'organisation se structure selon les principes de force et de domination d'un chef sur le groupe.

- L'organisation ambre guidée par le conformisme, symbolisée par l'armée, où l'organisation se structure autour des valeurs de la stabilité, de la morale et de l'ordre.

- L'organisation orange guidée par la réussite, symbolisée par la machine, où l'organisation se structure selon les principes de rationalité et d'efficacité (*i.e.* le modèle mécaniste).

- L'organisation verte guidée par le pluralisme, symbolisée par la famille, où l'organisation se structure selon des modes coopératifs et des prises de décision par consensus.

- L'organisation opale guidée par l'évolution, symbolisée par les organismes vivants, où l'organisation se structure selon des principes d'autogouvernance, de plénitude et d'évolution permanente.

À chaque stade correspond ainsi une forme organisationnelle précise, menant l'être humain vers des structures de plus en plus complexes jusqu'au stade opale, qui n'est pour le moment qu'embryonnaire. Cette nouvelle forme organisationnelle est loin d'être stabilisée, mais Laloux parvient malgré tout à la traduire en quelques grands principes.

Une nouvelle image de l'organisation

L'organisation opale s'inspire de la métaphore de la nature (comme dans la pensée systémique et complexe), loin de la machine propre au modèle mécaniste : au contraire, ici, tout est changement, dans un mouvement d'organisation spontanée où aucun poste de commandement central ne gère l'ensemble. En résultent, pour Laloux, trois principes organisationnels qui devraient guider les entreprises de demain.

L'autogouvernance qui prend acte de l'incapacité des formes hiérarchiques à gérer la complexité. En effet, les systèmes complexes que l'on trouve dans la nature fonctionnent tous sur la base de l'autorité distribuée. Ce principe renvoie aux équipes autonomes de l'approche sociotechnique et se retrouve dans nombre de démarches de libération qui retravaillent le design organisationnel de l'entreprise en mini-structures permettant de déléguer le pouvoir d'action et de décision.

La quête de la plénitude qui consiste à encourager les gens à faire tomber leur masque professionnel pour se montrer tels qu'ils sont réellement. L'entreprise doit prendre l'individu tel qu'il est, dans son entièreté, pour tirer profit de son plein potentiel, tout en lui permettant de le développer. Ce principe – en creux dans les entreprises libérées et holacratiques, qui appellent toutes deux au développement personnel de tous – est présenté par Laloux comme un principe structurant des organisations opale.

Une raison d'être évolutive dont on peut retenir deux caractéristiques. D'une part, une mission noble qui ne peut se limiter à la survie de l'entreprise ni se concentrer sur l'augmentation des bénéfices et des parts de marché. Cette raison d'être fait directement écho à la « vision » que le leader libérateur doit partager activement avec ses équipes, ainsi qu'aux préceptes holacratiques développés par Robertson dans sa constitution – qui reprend d'ailleurs ce même vocable. Et bien entendu, elle est au cœur du mouvement des entreprises à mission (voir ci-après). D'autre part, Laloux va plus loin en invitant à rendre cette raison d'être « évolutive », non au travers d'une planification programmée mais en étant à l'écoute de ce que l'organisation est « appelée » à devenir.

Apports et limites de ce modèle

Le modèle de Laloux reprend donc en grande partie des principes déjà développés dans les modèles libérés et holacratiques, en apportant toutefois des éléments que l'on peut considérer comme distinctifs via l'importance structurante qu'il accorde à la quête de la plénitude et à la raison d'être évolutive.

Ici encore, les principes qui guident les organisations opale sont séduisants et il serait difficile d'aller à leur encontre sous peine de se faire taxer de conservatisme. Mais à l'instar des organisations libérées, ces principes restent très vagues sur le plan opérationnel : aucune des entreprises répertoriées par Laloux n'applique simultanément les trois principes, alors qu'ils sont supposés se renforcer mutuellement.

Le modèle de Laloux tient surtout à son succès rapide et planétaire. Son premier ouvrage, une somme de quelque 400 pages, a été acheté dans le monde entier, traduit dans de multiples langues, parfois bénévolement par des « fans » du livre, qui lui ont également consacré un wiki dédié. Suivra en 2017 une version résumée et illustrée (Laloux et Appert, 2017) en 168 pages qui se lit en deux heures comme une B.D. L'ouvrage de Laloux est ainsi un best-seller mondial considéré comme l'un des livres de management les plus marquants de la dernière décennie avec celui de Getz.

Figure XI – En résumé : les entreprises opale

⊕ Apports	⊗ Limites
• Autogouvernance inspirée des systèmes complexes de la nature. • Développement personnel (épanouissement des personnes). • Raison d'être évolutive.	• Principes de réflexion peu opérationnalisables de manière directe.

Les entreprises à mission

Comme nous l'avons vu, les derniers courants en vogue de NMMO (holacratie, entreprise opale) mettent l'accent sur une nouvelle dimension présentée comme centrale : la raison d'être, parfois aussi désignée par le terme *purpose* dans le monde anglo-saxon. Ici encore, ce principe ne serait pourtant pas si nouveau : selon Thomas Coutrot (2018), on en trouve déjà trace dans les écrits de Fred Emery du Tavistock Institute (courant sociotechnique) sous l'expression « tâche primordiale » (*primary task*).

Cette raison d'être a vocation à pousser l'entreprise à dépasser sa focalisation sur les seuls objectifs financiers pour opérer un rééquilibrage entre ses différentes parties prenantes (actionnaires, salariés, fournisseurs, clients, territoires, associations, etc.) sur la base d'un « intérêt social propre[65] » de l'entreprise[66], conçu comme répondant à des intérêts beaucoup plus larges que ceux des seuls actionnaires de la société de capitaux. En partant d'une question simple – « À qui appartient l'entreprise ? » (Roger *et al.* 2012) –,

65. « L'intérêt social propre peut être défini comme l'intérêt supérieur de la personne morale elle-même, c'est-à-dire de l'entreprise considérée comme un agent économique autonome, poursuivant des fins propres, distinctes notamment de celles de ses actionnaires, de ses salariés, de ses créanciers [...], de ses fournisseurs et de ses clients, mais qui correspondent à leur intérêt général commun, qui est d'assurer la prospérité et la continuité de l'entreprise. » Rapport Viénot (1995) cité *in* Rapport Notat-Sénard (2018).

66. Rappelons que l'entreprise, contrairement aux différentes formes de sociétés de capitaux, n'est pas définie en droit. Seule la société est reconnue comme une personne morale.

on détricote progressivement les thèses défendues par l'économiste Milton Friedman affirmant que : « Dans un système de libre entreprise et de propriété privée, un dirigeant d'entreprise est l'employé des propriétaires de l'entreprise. [Sa] responsabilité est de mener l'entreprise en accord avec leurs désirs, qui en général doivent être de gagner autant d'argent que possible, tout en se conformant aux règles de base de la société » (Friedman, 1962). L'objectif de la raison d'être est donc de repenser la place de l'entreprise dans la société (Hatchuel et Segrestin, 2012) et de prendre ses distances avec une gouvernance qui serait orientée vers la seule création de valeur actionnariale.

Toutefois, contrairement à ce que l'on entend dire trop souvent, la raison d'être d'une entreprise ne consiste pas forcément à défendre l'intérêt général (dont la défense incombe à la puissance publique), mais à fédérer l'entreprise autour d'un axe central, permettant d'articuler les enjeux souvent contradictoires de ses parties prenantes, précisément définies en fonction de son activité, sa stratégie, etc. La raison d'être est alors ce qui permet de définir du « commun » entre ces intérêts divergents et, en principe, d'aider à arbitrer entre eux.

Cette nouvelle dimension est désormais juridiquement reconnue en France depuis la loi PACTE (Plan d'action pour la croissance et la transformation des entreprises) du 22 mai 2019. Celle-ci introduit sur cette question un dispositif à trois étages, dont le plus élevé est la possibilité donnée à une entreprise d'adopter la qualité de « société à mission ». Le deuxième niveau consistant à intégrer simplement une raison d'être dans ses statuts.

Figure XII – Repenser la place de l'entreprise dans la société : un dispositif à 3 étages

Le troisième étage du dispositif reconnaît donc un cadre juridique spécifique à des entreprises volontaires décidant de concilier poursuite de la profitabilité et poursuite d'objectifs sociaux et environnementaux à impact. En ce sens, la loi PACTE offre une reconnaissance institutionnelle à la RSE[67], définie par la Commission européenne comme « l'intégration volontaire par les entreprises de préoccupations sociales et environnementales à leurs activités commerciales et leurs relations avec les parties prenantes ». Une société à mission (SAM) ne se contente pas de minimiser ses externalités négatives, elle vise à apporter une contribution spécifique sur les plans sociaux et environnementaux à la société dans laquelle elle s'insère.

On retrouve ici la « configuration »[68] missionnaire identifiée par Henry Mintzberg (1989) dès les années 1980 où un système de normes, de croyances et de valeurs « cadre » l'action en lieu et place des figures hiérarchiques traditionnelles. Si toute organisation possède une « idéologie » propre, elle n'en est pas pour autant une structure missionnaire : cette idéologie doit en effet être suffisamment partagée et puissante pour devenir le point cardinal des logiques d'action de l'ensemble de ses membres. Cette configuration spécifique a donc pendant longtemps été réservée à une minorité de structures : associations ou ONG. Face aux défis sociaux et climatiques contemporains mais également aux enjeux organisationnels et managériaux portés par les NMMO, cette configuration semble appelée à s'élargir à un plus grand nombre d'organisations. Notons qu'il est évidemment possible d'être une organisation missionnaire sans jamais adopter la qualité de société à mission.

Toutefois, on ne change pas la société ni les entreprises par décret (Crozier, 1979 ; Dupuy, 2020). Si le sujet a fait couler beaucoup d'encre, le nombre d'entreprises à mission reste pour l'heure assez modeste : sur les 4 millions d'entreprises que compte l'Hexagone, environ 700 entreprises étaient référencées comme sociétés à mission (en 2022), couvrant environ 500 000 salariés, là ou 101 entreprises « à raison d'être » représentaient 4,5 millions de salariés. 80 % des sociétés à mission sont donc des PME de moins de 50 salariés (Observatoire des sociétés à mission, 2022), tandis que les grands groupes se contentent

---

67. Tour à tour déclinée en « responsabilité sociale des entreprises », « responsabilités sociale et environnementale des entreprises » ou encore « responsabilité sociétale des entreprises ».

68. Mintzberg distingue cinq configurations organisationnelles : entrepreneuriale, bureaucratique, professionnelle, adhocratique et missionnaire. Chacune se base sur des mécanismes de division du travail et de coordination spécifiques.

le plus souvent d'adopter une raison d'être (qui n'est d'ailleurs pas forcément inscrite dans les statuts).

Apports et limites de ce modèle

La question centrale reste de savoir si l'adoption d'une raison d'être ou de la qualité de société à mission peut être réellement porteuse d'une transformation culturelle et organisationnelle d'ampleur, autrement dit si la mission est « transformative », ou s'il s'agit d'un affichage de bonnes intentions avec des objectifs de communication immédiate.

Martin Richer (2021) voit dans la raison d'être un « objet managérial disruptif » pour plusieurs raisons. Sur le plan stratégique, la raison d'être se présente comme un guide pour la stratégie dans une perspective de long terme, « bien au-delà des trois à cinq ans qui bornent habituellement les plans stratégiques » (Richer, 2021) : elle peut permettre, par exemple, d'ouvrir la stratégie à des futurs encore inconnus, en pariant sur une R&D patiente et en sécurisant des budgets d'innovation à long terme. Sur le plan de la gouvernance, elle peut être un instrument permettant de réguler le pouvoir entre les actionnaires, le conseil d'administration et l'exécutif, lorsque des différends stratégiques apparaissent[69]. Mais c'est l'articulation entre le levier de la gouvernance et le levier managérial qui donne toute sa valeur à la raison d'être : « À l'heure où les Codir et les DRH sont mus par la sempiternelle obsession de "donner du sens", la raison d'être permet justement de préciser le sens de l'entreprise, de donner à chacun une voix pour participer à sa formulation et y trouver sa place. Car le sens ne peut pas se donner. Le sens se cherche, se façonne dans le travail, se construit collectivement » (Richer, 2021). Sans construction collective et réellement partagée, la raison d'être ne serait qu'un slogan de communication de plus, sans signification, ni direction. Si, en revanche, elle est à la fois construite collectivement, appropriée puis déclinée dans le corps social de l'entreprise à chaque échelon et dans

69. On cite parfois le cas Danone, première entreprise du Cac 40 « à mission » depuis 2020, pour montrer que la qualité de société à mission ne protégerait aucunement l'entreprise contre la prédominance des enjeux financiers. Son P-DG Emmanuel Faber, grand défenseur de la raison d'être, a en effet été limogé en 2021 sous la pression de fonds activistes américains qui estimaient que les performances commerciales et financières ainsi que l'évolution du cours de Bourse étaient décevantes. Pierre-Yves Gomez, ancien professeur à l'EM Lyon et spécialiste de la gouvernance des entreprises, a cependant montré que le scénario de cette éviction était un peu plus complexe, ne remettait aucunement en cause la mission de Danone, votée par 99 % du conseil d'administration, et relevait davantage de jeux politiques internes et de la surexposition médiatique d'Emmanuel Faber (Gomez, 2021a).

chaque activité, elle donne un cap à chaque collectif et ouvre la voie à un management plus participatif et délibératif, tout en répondant à la soif d'utilité et de motivation que recherchent tant de collectifs de travail (Richer, 2022). Toutefois, soulignons que l'entreprise à mission ne prescrit pas de forme d'organisation du travail précise ; elle suggère, par effet de cohérence, l'idée d'une organisation où les relations sociales seraient plus coopératives, l'information plus transparente, et le travail émancipateur.

Comme tout concept nouveau, la raison d'être et la société à mission (SAM) suscitent autant d'enthousiasme que de scepticisme. Nous souscrivons à la conclusion de Pierre-Yves Gomez (2021b) : « La question n'est plus d'être pour ou contre la SAM, mais de se saisir ou non de cet instrument dans l'intérêt de l'entreprise. [...] Il ne s'agit pas de plaquer des objectifs sociaux ou environnementaux dictés par le conformisme du moment, mais de prendre conscience que les activités qui découlent de sa raison d'être peuvent produire davantage de bénéfices pour ses parties prenantes que les seuls biens ou services qu'elle procure ».

Figure XIII – En résumé : les entreprises à mission

(+) Apports	(×) Limites
• Rééquilibrage des intérêts des parties prenantes au lieu de la seule création de valeur actionnariale. • Stratégie de long terme, ouverture des capacités d'innovation. • Intégration d'objectifs sociaux et environnementaux. • Management plus participatif et porteur de sens, construction collective ancrée dans le corps social.	• Pas de conséquences juridiques réelles (à ce jour). • Purpose washing : risque d'insincérité, risque d'idéalisme, risque d'enfermement. • Un cadre de réflexion ne prescrivant aucun mode précis de management et d'organisation.

***

Cette généalogie historique et géographique permet ainsi de recontextualiser les NMMO, en révélant leurs racines déjà anciennes et l'évolution continue dont ils sont issus. Elle permet d'ouvrir la discussion sur les modèles d'organisation au sein des collectifs de travail.

Bibliographie

Bibliographie générale

Adam-Ledunois, S., & Damart, S. (2017). Innovations managériales, attrapons-les toutes ! Design d'une méthodologie d'analyse critique des objets de management. *Revue française de gestion*, 2017/3, n° 264, pp. 117-142. https://www.cairn.info/revue-francaise-de-gestion-2017-3-page-117.htm

Ajzen, M., Donis, C., & Taskin, L. (2015). Kaléidoscope des Nouvelles Formes d'Organisation du Travail : L'instrumentalisation stupide d'un idéal collaboratif et démocratique. *Gestion 2000*, vol. 32, mai-juin, pp. 125-147. https://www.cairn.info/revue-gestion-2000-2015-3-page-125.htm

Amblard, H., Bernoux, P., Herreros, G., & Livian, Y.-F. (2005). *Les nouvelles approches sociologiques des organisations*. Seuil.

Amiel, M. (2021). Une jeunesse à la croisée des chemins. *L'ENA hors les murs*, 2021/9, n° 510, pp. 25-27. https://www.cairn.info/revue-l-ena-hors-les-murs-2021-9-page-25.htm

Anact (2021). Nouvelles formes d'organisation du travail : réussir la participation des salariés. Réseau Anact-Aract. Printemps 2021. https://www.anact.fr/nouvelles-formes-dorganisation-du-travail-reussir-la-participation-des-salaries

Assens, C. (2003). Le réseau d'entreprises : vers une synthèse des connaissances. *Management international*, vol. 7, n° 4, pp. 49-59.

Attias-Donfut, C., & Segalen, M. (2020). *Avoir 20 ans en 2020. Le nouveau fossé des générations*. Odile Jacob. https://www.cairn.info/revue-francaise-de-sociologie-2021-2-page-345.htm

Autissier, D., Johnson K., & Moulot, J.-M. (2016). L'innovation managériale : rupture ou évolution du management. *Question(s) de management*, 2016/2, n° 13, pp. 25-33. https://www.cairn.info/resume.php?ID_ARTICLE=QDM_162_0025

Barel, Y. (2019). Le bonheur, simple mode managériale ? *La Revue des Sciences de Gestion*, 2019/3-4, n° 297-298, pp. 103-112. https://www.cairn.info/revue-des-sciences-de-gestion-2019-3-page-103.htm

Berebbi-Hoffmann, I. (2005). Nouvelle économie, nouveaux pouvoirs ? In P. Cabin, B. Choc (coord.). *Les organisations. État des savoirs*. Éditions Sciences Humaines.

Bernoux, P. (2009). *La sociologie des organisations*. 6e édition, Seuil.

Bonnefond, J.-Y. (2019). L'initiative et la responsabilisation des salariés : une histoire qui se répète. *Agir sur la qualité du travail*. L'expérience de Renault Flins. Érès, pp. 33-43.

Boston Consulting Group/CGE/Ipsos (2021). *Talents : ce qu'ils attendent de leur emploi*. https://www.cge.asso.fr/themencode-pdf-viewer/?file=https://www.cge.asso.fr/wp-content/uploads/2021/05/Etude-BCG-CGE-IPSOS-Les-Talents-ce-quils-attendent-de-leur-emploi.pdf

Breton, P. (1995). *L'utopie de la communication. Le mythe du « village planétaire »*. La Découverte.

Breton, P. (2000). *Le culte de l'Internet. Une menace pour le lien social ?* La Découverte.

Breton, P., & Proulx, S. (2002). *L'explosion de la communication, à l'aube du XXIe siècle. Introduction aux théories et aux pratiques de la communication*. La Découverte.

Brown, T. (2010). *L'esprit design. Le design thinking change l'entreprise et la stratégie*. Pearson.

Burns, T., & Stalker, G. M. (1961). *The Management of Innovation*. Tavistock Publications.

Cabin, P., & Choc, B. (2005). *Les organisations, état des savoirs*. Éditions Sciences Humaines.

Canivenc, S. (2009). *Autogestion et nouvelles formes organisationnelles dans la société de l'information, de la communication et du savoir*. Thèse en Sciences de l'information et de la communication, Université Rennes 2. https://theses.fr/2009REN20042

Canivenc, S. (2012). L'autogestion dans la société de l'information québécoise. *Cahiers du Centre de recherche sur les innovations sociales (CRISES)*, coll. Études théoriques et méthodologiques, n° ET1115, février 2012. https://crises.uqam.ca/cahiers/et1115-lautogestion-dans-la-societe-de-linformation-quebecoise/

Canivenc, S., & Cahier, M.-L. (2021). *Le travail à distance dessine-t-il le futur du travail ?* Les Notes de La Fabrique, Presses des Mines. https://www.la-fabrique.fr/fr/publication/le-travail-a-distance-dessine-t-il-le-futur-du-travail/

Canivenc, S., & Moreau, F. (2020). Singularité et spécificité des pratiques organisationnelles démocratiques. Les enseignements de quatre expérimentations autogérées. *@GRH,* 2020/3, n° 36, pp. 145-173. https://www.cairn.info/revue-agrh1-2020-3-page-145.htm

Canivenc, Suzy (à paraître). Le no code et les effets organisationnels de la démocratisation logicielle : du mythe aux pratiques. *Relations industrielles/Industrial Relations*.

Chaire Futurs de l'industrie et du travail (FIT[2]). Comptes-rendus des séminaires relatifs à l'autonomie et la responsabilité dans les organisations (ARO) https://www.cerna.minesparis.psl.eu/Recherche/Chaire-FIT-sup2/Activites/Compte-rendus-du-seminaire-quot-Autonomie-quot/

Compte-rendu de l'audition d'Alexis Nollet et de Matthieu Battistelli « L'évolution de la fonction managériale chez Ulterïa/Mobil Wood », 17 novembre 2020, rédigé par Élisabeth Bourguinat. https://www.la-fabrique.fr/wp-content/uploads/2020/12/CR-ARO-2_Mobil-Wood.pdf

Compte-rendu de l'audition d'Emmanuel Hervé « Hervé Thermique, un pionnier de l'autonomie », 7 octobre 2020, rédigé par Élisabeth Bourguinat. https://www.cerna.minesparis.psl.eu/Donnees/data18/1866-CR-ARO-1-HervA-Thermique.pdf

Compte-rendu de l'audition de Gertje Van Roessel et d'Arnold Fauquette « Buurtzorg et Vivat : quand auto-organisation rime avec qualité des soins et efficience économique », 27 mai 2021, rédigé par Élisabeth Bourguinat. https://www.cerna.minesparis.psl.eu/Donnees/data18/1862-CR-ARO-6-Buurzorg-Vivat.pdf

Compte-rendu de l'audition de Sarah Miller « Excellence opérationnelle et responsabilisation chez Michelin », 29 avril 2021, rédigé par Élisabeth Bourguinat. https://www.cerna.minesparis.psl.eu/Donnees/data18/1861-CR-ARO-5-Michelin.pdf

Chaire Futurs de l'industrie et du travail (FIT[2]). Plateforme de cas d'entreprise en copyleft relatifs à l'autonomie et la responsabilité dans les organisations (ARO) https://www.cerna.minesparis.psl.eu/Recherche/Chaire-FIT-sup2/Activites/Plate-forme-des-cas-d-organisations-etudiees/

Chaire Futurs de l'industrie et du travail (FIT²) (2021). Être un leader, c'est donner le pouvoir à ses équipes. Entretien avec Florent Menegaux, *Repère Futurs du travail* n° 3, décembre 2021. https://www.cerna.minesparis.psl.eu/Donnees/data19/1910-Repere3_FIT2-v3-pages.pdf

Chevallier, M. (2006). Internet réinvente le commerce. *In* Quand Internet bouscule les marchés, *Alternatives économiques*, n° 248. https://www.cairn.info/magazine-alternatives-economiques-2006-6-page-48.htm

Clot, Y. (2014). Réhabiliter la dispute professionnelle. *Le journal de l'École de Paris du management*, vol. 105, n° 1, pp. 9-16. https://www.cairn.info/revue-le-journal-de-l-ecole-de-paris-du-management-2014-1-page-9.htm

Clot, Y. (2021). *Le prix du travail bien fait. La coopération conflictuelle dans les organisations.* La Découverte.

Coriat, B. (1994). *Penser à l'envers*. C. Bourgois.

Coriat, B., & Weinstein, O. (1995). *Les nouvelles théories de l'entreprise.* Librairie générale française.

Cottin-Marx, S. (2021). *C'est pour la bonne cause ! Les désillusions du travail associatif.* Les Éditions de l'atelier.

Coutrot, T. (2018). *Libérer le travail. Pourquoi la gauche s'en moque et pourquoi ça doit changer*. Seuil.

Coutrot, T., & Perez, C. (2021). Quand le travail perd son sens. L'influence du sens du travail sur la mobilité professionnelle, la prise de parole et l'absentéisme pour maladie. Une analyse longitudinale avec l'enquête Conditions de travail 2013-2016. Document d'études de la Dares, n° 249. Centre d'économie de la Sorbonne-Université de Paris 1. Août 2021. https://dares.travail-emploi.gouv.fr/sites/default/files/5049867f3c1d899dbc36367fe6410eff/Dares_DE_Quand-le-travail-perd-son-sens_249.pdf

Crozier, M. (1979). *On ne change pas la société par décret.* Grasset.

Crozier, M., & Friedberg, E. (1977). *L'acteur et le système*. Seuil.

Dagnaud, M. (2021). *Et maintenant ? Jeunesses : l'esprit du temps.* Rapport sociologique des résultats de l'enquête « Et maintenant ? » menée auprès de

60 000 personnes, novembre 2021. https://www.etmaintenant-lequestionnaire.fr/et_maintenant_rapport_sociologique.pdf

Dalmas, M. (2019). Génération Z et conception du travail : un nouvel enjeu pour la GRH. *Revue internationale de psychosociologie et de gestion des comportements organisationnels*, 2019/60, vol. XXV, pp. 97-116. https://www.cairn.info/revue-internationale-de-psychosociologie-de-gestion-des-comportements-organisationnels-2019-60-page-97.html

De Beer *et al.* (1995). *Le travail au XXIe siècle, mutation de l'économie et de la société à l'ère des autoroutes de l'information*. Dunod.

Dejours C., Deranty J.– P., Renault E., & Smith N. H. (2018). *The Return of Work in Critical Theory : Self, Society, Politics*. Columbia University Press.

Desmarais, C., Weidmann, J., Agassiz, I., Gonin, F., Konishi, M., Nestea, P., & Petermann, M. (2022). La formalisation du contrôle dans les organisations prônant une autonomie radicale. RIMHE : *Revue Interdisciplinaire Management, Homme & Entreprise* 2022/1, vol. 11, n° 46, pp. 25-54. https://www.cairn.info/revue-rimhe-2022-1-page-25.htm?contenu=article

Detchessahar, M. (2019). *L'entreprise délibérée. Refonder le management par le dialogue*. Nouvelle Cité.

Dupuy, F. (2020). *On ne change pas les entreprises par décret. Lost in management 3*. Seuil.

Duval, G., & Jacot, H. (coord.) (2000). *Le travail dans la société de l'information. Paradoxes et enjeux des NTIC*. Éditions Liaisons.

Envoyé spécial/France 2. « Travail : tous bienveillants ? », septembre 2016. https://www.youtube.com/watch?v=SSNWFF8dIxw

Fache P., Zerbib, R. (2020). Les « modes managériales » : une analogie entre séduction et réductionnisme théorique ? *Question(s) de management*, 2020/3, no 29, pp. 13-22. https://www.cairn.info/revue-questions-de-management-2020-3-page-13.htm

Flichy, P. (2001). *L'imaginaire d'Internet*. La Découverte.

Fondation Jean Jaurès, Macif, BVA (2021, décembre). *Les jeunes et l'entreprise. Rapport de résultats*. https://www.bva-group.com/wp-content/uploads/2021/12/BVA-pour-la-Fondation-Jean-Jaures-Rapport-de-resultats-les-jeunes-et-lentreprise-VDEF.pdf

Fortin, A.-H., & Rondeau, A. (2014). La gestion en mode réseau : une grille d'analyse pour le monde de la santé. *Gestion*, 2014/3, vol. 39, pp. 16-28. https://www.cairn.info/revue-gestion-2014-3-page-16.htm?contenu=resume

Freeman, J. (1970). *La tyrannie de l'absence de structure*. Traduit dans : https://infokiosques.net/spip.php?article2

Friedman, M. (1962). *Capitalism and Freedom*, The University of Chicago Press.

Gaulejac (de), V. (2005). *La société malade de la gestion. Idéologie gestionnaire, pouvoir managérial et harcèlement social.* Seuil.

Giroux, H. (2007). Pourquoi suivons-nous les modes en gestion ? *Gestion*, 2007/4, vol. 32, pp. 10-19. https://www.cairn.info/revue-gestion-2007-4-page-10.htm

Habermas, J. (1987), *Théorie de l'agir communicationnel, tome I : Rationalité de l'agir et rationalisation de la société*, Fayard.

Halpen, G. (2020). *Tous centaures ! Éloge de l'hybridation.* Le Pommier.

Hamel, G., & Breen, B. (2007). *The Future of Management*, Harvard Business School Press.

Himanen, P. (2001). *L'éthique hacker et l'esprit de l'ère de l'information.* Exils.

Inglehart, R. (1993). *La Transition culturelle dans les sociétés industrielles avancées*, Economica.

Inglehart, R. (2018). *Les Transformations culturelles. Comment les valeurs des individus bouleversent le monde ?* PUG.

Institut Montaigne (2022). *Une jeunesse plurielle. Enquête auprès des 18-24 ans.* Rapport basé sur une enquête de l'institut Harris Interactive réalisée auprès de 8 074 personnes de 18-24 ans, 1 001 personnes de 46-56 ans et 1 000 personnes de 66-76 ans en septembre 2021. https://www.institutmontaigne.org/ressources/pdfs/publications/une-jeunesse-plurielle-enquete-aupres-des-18-24-ans-rapport.pdf

Jacot, J.-H. (1994). *Formes anciennes, formes nouvelles d'organisation.* Lyon : Presses universitaires de Lyon.

Jardin, É. (2005). *Mutation et organisation du travail.* Bréal.

Jemine, G. (2016). Le New Way of Working. Discours, dispositifs et pratiques d'un processus de changement organisationnel. *Sociologies pratiques*, 2016/2, n° 32, pp. 107-108. https://www.cairn.info/revue-sociologies-pratiques-2016-2-page-107.htm

Joule, R.-V, & Beauvois, J.-L. (1998). *La soumission librement consentie. Comment amener les gens à faire librement ce qu'ils doivent faire.* PUF.

Katz, R., & Allen, T. (1 982). Investigating the Not Invented Here (NIH) Syndrome : A look at the performance, tenure, and communication patterns of 50 R & D Project Groups. *R & D Management*, vol. 12, n° 1, pp. 7-19.

Kirat, T. (1994). L'organisation entre statique et dynamique. In J.-H. Jacot. *Formes anciennes, formes nouvelles d'organisation.* Presses universitaires de Lyon.

Le Moigne, J.-L., & Vidal, P. (2000). Critique et topique de la communication organisationnelle. *Sciences de la société*, mai-octobre 2000, n° 50-51, pp. 47-68.

Le Roy, F., Robert, M., & Giuliani, 326 (2013). L'innovation managériale. Généalogie, défis et perspectives. *Revue française de gestion,* 2013/6, n° 235, pp. 77-90.

Linhart, D., & Linhart, R. (1989). Entreprises françaises : les dangers du participatif ou l'autre taylorisme. *In* D. Martin (dir.). *Participation et changement social dans l'entreprise*. L'Harmattan.

Louart, P. (1996). L'apparente révolution des formes organisationnelles. *Revue française de gestion* n° 107, janvier-février, pp. 74-85.

Louche, C. (2019). Chapitre 11. Groupes et équipes de travail. *In* C. Louche (dir.). *Psychologie sociale des organisations*. Dunod, pp. 175-193. https://www.cairn.info/psychologie-sociale-des-organisations--9782100788484-page-175.htm

Mariotti, F. (2005). *Qui gouverne l'entreprise en réseau ?* Presses de Sciences Po.

Martin, D. (1989). L'expression des salariés en France : examen de quelques interprétations théoriques. In D. Martin (dir.). *Participation et changement social dans l'entreprise.* L'Harmattan.

Martin, D. (1994). *Démocratie industrielle. La participation directe dans les entreprises*. PUF.

Mathien, M. (2005). *La « société de l'information », entre mythes et réalités*. Bruylant.

Méda, D., & Vendramin, P. (2010). Les générations entretiennent-elles un rapport différent au travail ? *SociologieS* [En ligne], Théories et recherches, mis en ligne le 27 décembre 2010, consulté le 7 mars 2022. http://journals.openedition.org/sociologies/3349

Meister, A. (1974). *La participation dans les associations*. Les Éditions ouvrières.

Midler, C. (1986). La logique de la mode managériale. *Gérer et comprendre*, n° 3. https://hal.archives-ouvertes.fr/hal-00278147

Mintzberg, H. (1981). *Structure et dynamique des organisations*. Éditions d'Organisation.

Mintzberg, H. (1989). *Le management. Voyage au centre des organisations*. Éditions d'Organisation.

Moreno, J. L. (1934) *Fondements de la sociométrie*. PUF.

Morgan, G. (1989). *Images de l'organisation*. Les Presses de l'université Laval/Éditions Eska, Québec.

Morin, E. (1977). *La Méthode 1. La nature de la nature*. Seuil.

Morin, E. (1980). *La Méthode 2. La vie de la vie*. Seuil.

Morin, E. (1981). *Pour sortir du XXe siècle*. Éditions Fernand Nathan.

Morin E. (1990). *Introduction à la pensée complexe*. Seuil.

Morin, E. (1991). *La Méthode 4. Les idées, leur habitat, leur vie, leur mœurs, leur organisation*. Seuil.

Morin, E. (2001). *La Méthode 5. L'humanité de l'humanité. L'identité humaine*. Seuil.

Palmade, J. (dir.) (2003). *L'incertitude comme norme*. PUF.

Pardi, T. (2015). Quand une mode managériale s'institutionnalise. Le rôle de la marchandisation de la recherche universitaire aux États-Unis. *Revue d'anthropologie des connaissances*, 2015/1, vol. 9, n° 1, pp. 101-124. https://www.cairn.info/resume.php?ID_ARTICLE=RAC_026_0101&contenu=article

Pellerin, F., & Cahier, M-L. (2019). *Organisation et compétences dans l'usine du futur.* Les Notes de La Fabrique, Presses des Mines. https://www.la-fabrique.fr/fr/publication/organisation-et-competences-dans-lusine-du-futur/

Pellerin, F. & Cahier, M.-L. (2021). *Le design du travail en action. Transformation des usines et implication des travailleurs.* Les Notes de La Fabrique, Presses des Mines. https://www.pressesdesmines.com/produit/le-design-du-travail-en-action/

Pichault, F., & Nizet, J. (2013). *Les pratiques de gestion des ressources humaines. Conventions, contextes et jeux d'acteurs.* Seuil.

Plane, J.-M. (2003). *Théorie des organisations.* 2e édition, Dunod.

Reynaud, J.-D. (1989). *Les Règles du jeu. L'action collective et la régulation sociale.* Armand Colin.

Ries, E. (2012). *Lean startup. Adoptez l'innovation continue*. Pearson.

Rogers, E. (1995). *Diffusion of innovations.* The Free Press.

Rorive, B. (2005). L'entreprise réseau revisitée, une tentative d'ordonnancement des nouvelles formes organisationnelles. *Gérer et comprendre*, n° 79, mars 2005. https://annales.org/gc/2005/gc79/063-075rorive.pdf

Sailly, M., Johansen, A., Tengblad, P., & van Klaveren, M. (2022). *Dialogues social et professionnel : comment les articuler ?* Les Docs de La Fabrique, Presses des Mines. https://www.pressesdesmines.com/produit/dialogues-social-et-professionnel-comment-les-articuler/

Sainsaulieu, R., & Tixier, P.-É (1983), avec la participation de M.-O. Marty. *La démocratie en organisation. Vers des fonctionnements collectifs de travail.* Librairie des Méridiens.

Simon, H. A. (1978). Rational decision-making in business organizations. *Nobel Memorial Lecture*, 8 December 1978.

SoManyWays (2022). Rapport au travail : et si on arrêtait d'opposer les générations ? Enquête menée de 2019 à 2021 auprès de 15 000 personnes dont plus de 10 000 appartenant à la génération Y, près de 3 000 à la génération X et près de 2000 à la génération Z. https://www.helloworkplace.fr/rapport-travail-generations/

Tapscott, D., & Williams A. D. (2007). *Wikinomics. Wikipédia, Linux, YouTube... Comment l'intelligence collaborative bouleverse l'économie.* Pearson – Village Mondial.

Taskin, L. (2012). *Déspatialisation : Enjeux organisationnels et managériaux, Perspective critique et études de cas sur la transformation du contrôle dans le cadre du télétravail à domicile.* Editions Universitaires Européennes.

Taylor, F. W. (1956). *La direction scientifique des entreprises*. Dunod [1° édition en 1912

Thuderoz, C. (1996). *Sociologie des entreprises*. La Découverte.

Trouvé, P., & Casalegno, J.-C. (2019). L'entreprise, lieu d'utopies. *Sciences Humaines,* n° 319, pp. 34-35.

Valenduc, G., & Vendramin P. (2001). Travailler dans la société de l'information : enjeux et perspectives. *Humanisme et entreprise*, n° 248, pp. 101-109.

Valenduc, G., & Vendramin, P. (2006). Fractures numériques, inégalités sociales et processus d'appropriation des innovations. *Terminal*, n° 95-96.

Veltz, P., & Zarifian, P. (1993). Vers de nouveaux modèles d'organisation. *Sociologie du travail*, n° 1, pp. 3-25. https://www.persee.fr/doc/sotra_0038-0296_1993_num_35_1_2105

Watzlawick, P., Weakland, J., & Fisch, R. (1975). *Changements. Paradoxes et psychothérapie*. Seuil.

Weidmann, J., Konishi, M., Gonin, F., Agassiz, I., & Nadeau, J.-B. (2019). Holacratie la force de l'autonomie. *Gestion*, 2019/3, vol. 44, pp. 34-40.

Weil, T., & Dubey, A-S. (2020). *Au-delà de l'entreprise libérée. Enquête sur l'autonomie et ses contraintes*. Les Notes de La Fabrique, Presses des Mines.https://www.la-fabrique.fr/fr/publication/au-dela-de-lentreprise-liberee/

Zarifian, P. (2006). Travail, modulation et puissance d'action. In A. Bouzon (dir.). *La communication organisationnelle en débat : champs, concepts, perspectives*. L'Harmattan.

Zerbib, R. (2021). Modes et innovation managériales. 6 mars 2021. Interview disponible en ligne sur https://www.youtube.com/watch?v=RQ06WIuJuJk

Zerbib, R., & Taphanel, L. (2018). Les modes managériales existent-elles vraiment ? *The conversation.* 11 octobre 2018. https://theconversation.com/les-modes-manageriales-existent-elles-vraiment-104749

Zienkowski J. *et al.* (2020). Le discours NWOW et ses logiques interprétatives : sens, critique et subjectivité dans les « nouvelles formes d'organisation du travail ». *Gestion 2000*, vol. 37, n° 1-2, pp. 221-239. https://www.cairn.info/revue-gestion-2000-2020-1-page-221.htm

Bibliographie des différents modèles organisationnels

Socialisme utopique et autogestion

Bourdet, Y. (1970). *La délivrance de Prométhée. Pour une théorie politique de l'autogestion*. Éditions Anthropos.

Braud, P., & Burdeau, F. (1992). *Histoire des idées politiques depuis la Révolution*. Éditions Montchrestien.

Georgi, F. (2008). L'autogestion en France, des « années 1968 » aux années 1980. Essor et déclin d'une utopie politique. *La Pensée*, (356), pp. 87-101.

Lallement, M. (2009). *Le travail de l'utopie : Godin et le familistère de Guise*, Les Belles Lettres.

Lepage, H. (1978). *Autogestion et capitalisme. Réponses à l'anti-économie*. Masson.

Mothé, D. (1980). *L'autogestion goutte à goutte*. Le Centurion.

Outrequin, P., Potier, A., & Sauvage, P. (1986). *Les entreprises alternatives*. Syros.

Proudhon, P.-J. (1849). *Confessions d'un révolutionnaire*.

École des relations Humaines

Alderfer, C. (1969). An empirical test of a new theory of human needs. *Organizational Behavior and Human Performance*, vol. 4, n° 2, May, pp. 142-175.

Argyris, C. (1957). *Personality and organization the conflict between system and the individual.* Harper.

Argyris, C. (1964). *The individual and the organization.* Wiley.

Argyris, C., & Schön, D. (1978). *Organizational learning : a theory of action perspective.* Addison-Wesley Publishing Company.

Deci, E. (1975). *Intrinsic motivation.* Plenum Press.

Deci, E., & Ryan, R. (1985). *Intrinsic motivation and self-determination in human behavior,* Plenum Press.

Herzberg, F. (1966). *Work and the nature of man.* World Publishing.

Lewin, K. (1947). Frontiers in group dynamics. In D. Cartwright, *Field theory in Social Science*, Social Science Paperbacks.

Lewin, K., Lippitt R., & White R. (1939). Patterns of aggressive behavior in experimentally created "social climates", *The Journal of Social Psychology*, n° 10, pp. 271-299.

Likert, R. (1961). *Le gouvernement participatif de l'entreprise.* Gauthier-Villars (trad. française 1974).

Maslow, A. (1954). *Motivation and personality.* Harper & Row.

McGregor, D. (1960). *The human side of enterprise.* McGraw-Hill Book Co.

Approche socio-technique

Charron, E., & Freyssenet, M. (1994). L'usine d'Uddevalla dans la trajectoire de Volvo. Actes du Gerpisa, n° 9, mars, pp. 161-183. http://www.freyssenet.com/files/L%20 usine%20d%20Uddevalla,%20texte.pdf

Emery, F. (1972). Characteristics of socio-technical systems. In *The Social Engagement of Social Science. A Tavistock Anthology*, Vol. II, University of Pennsylvania Press, 1993.

Emery, F., & Trist, E. (1960). Socio-technical systems. In *Management Sciences, Models and Techniques*, vol. 2, pp. 83-97.

Emery, F., & Trist, E (1969). *Systems thinking.* Penguin Modern Management Readings.

Trist, E., Higgin, G., Murray, H., & Pollock, A. (1963). *Organizational choice : Capabilities of groups at the coal face under changing technologies : The loss, rediscovery and transformation of a work tradition*. London Tavistock Publications. Cité in C. Michelot, O. Ortsman. Actualité de l'approche sociotechnique. *Nouvelle Revue de psychosociologie*, 2019/1, n° 27, pp. 15-32.

Michelot, C. Ortsman, O. (2019). Actualité de l'approche sociotechnique. *Nouvelle Revue de psychosociologie*, 2019/1, n° 27, pp. 15-32. https://www.cairn.info/revue-nouvelle-revue-de-psychosociologie-2019-1-page-15.htm

École japonaise/lean

Aoki, M. (1988). *Information, Incentives, and Bargaining in the Japanese Economy*. Cambridge University Press.

Aoki, M. (2000). *Information, Corporate Governance, and Institutional Diversity : Competitiveness in Japan, the USA, and the Transitional Economies*. Oxford University Press.

Aoki, M., & Dore, R. (1994). *The Japanese Firm : Sources of Competitive Strength*, Oxford University Press.

Chevalier, F. (1989). Les cercles de qualité : constats et analyse d'un processus de changement organisationnel. In D. Martin (dir.). *Participation et changement social dans l'entreprise*. L'Harmattan.

Dubois, P., & Boutin, P. (1992). Les cercles de qualité. Une structure parallèle ou… In R. Tessier, Y. Tellier (dir.). *Changement planifié et développement des organisations. Méthodes d'intervention tome VIII : développement organisationnel*, PUQ, pp. 261-289.

Godet, M. (2007), *Manuel de prospective stratégique. T1 : Une indiscipline intellectuelle*, Dunod, 3e édition.

Montreuil, É. (2016). « Comprendre les transformations du monde du travail pour prévenir les risques psychosociaux : le cas du *lean management* », In R. Coutanceau (dir.). *Stress, burn-out, harcèlement moral. De la souffrance au travail au management qualitatif*, Dunod, pp. 181-199. https://www.cairn.info/feuilleter.php?ID_ARTICLE=DUNOD_COUTA_2016_03_0181

Ohno, T. (1978). *L'esprit Toyota*. Cité *in* É. Montreuil (2016). Comprendre les transformations du monde du travail pour prévenir les risques psychosociaux : le cas du *lean management. In* R. Coutanceau (dir.), *Stress, burn-out, harcèlement moral. De la souffrance au travail au management qualitatif.* Dunod, « Psychothérapies », pp. 181-199.

Pesqueux, Y., & Tyberghein, J.-P. (2009). *L'école japonaise d'organisation.* Éditions Afnor.

Pesqueux, Y., & Tyberghein, J.-P. (2010). L'école japonaise d'organisation. *Innovations*, 2010/1, n° 31, pp. 11-31. https://www.cairn.info/journal-innovations-2010-1-page-11.htm

Sailly, M. (2017). *Démocratiser le travail, un nouveau regard sur le lean management*, Éditions de l'Atelier.

Stimec, A. (2018). Est-ce que le Lean management est une démarche d'apprentissage organisationnel ? L'impact de l'amélioration continue. *Revue de gestion des ressources humaines*, 2018/2, no 108, pp. 19-31. https://www.cairn.info/revue-de-gestion-des-ressources-humaines-2018-2-page-19.htm

Stimec, A. (2019). « Excellence productive » et santé au travail : le cas du *lean management. In* F. Dubet (dir.), *Les mutations du travail.* La Découverte, pp. 155-175. https://www.cairn.info/les-mutations-du-travail--9782348037498-page-155.html

Agilité

Aubry, C. (2010). *Scrum : le guide pratique de la méthode agile la plus populaire.* Dunod.

Boboc, A., & Metzger, J.-L. (2020). Les méthodes agiles et leurs contradictions : analyse de leurs effets sur les métiers de l'informatique. *SociologieS.* Association internationale des sociologues de langue française. https://hal-cnam.archives-ouvertes.fr/hal-02527745

Canivenc, S. (2011). Autogestion et organisations des TIC dans la société de l'information québécoise. L'exemple d'une entreprise agile. Chaire de recherche du Canada sur les enjeux socio-organisationnels de l'économie du savoir – *CRISES.* Note de recherche n° 2012-3, novembre 2011. https://www.teluq.ca/chaireecosavoir/pdf/501-NR.pdf

Charbonnier-Voirin, A. (2011). Développement et test partiel des propriétés psychométriques d'une échelle de mesure de l'agilité organisationnelle. *M@n@gement*, 2011/2, vol. 14, pp. 119-156. https://www.cairn.info/revue-management-2011-2-page-119.htm

Digital.ai (2021). *15th State of Agile Report. Agile adoption accelerates across the enterprise*. Enquête sur les techniques et pratiques agiles renouvelée chaque année. http://info.digital.ai/rs/981-LQX-968/images/RE-SA-15th-Annual-State-Of-Agile-Report.pdf

Fall, I. (2019). Le modèle d'agilité des entreprises du digital comme remède aux maux du management. Quelques réflexions critiques. *Revue internationale de psychosociologie et de gestion des comportements organisationnels*, 2019/61, vol. XXV, pp. 75-81. https://www.cairn.info/revue-internationale-de-psychosociologie-de-gestion-des-comportements-organisationnels-2019-61-page-75.htm

Kniberg, H., & Ivarsson, A. (2012). *Scaling Agile @ Spotify : with Tribes, Squads, Chapters & Guilds*. White paper. https://blog.crisp.se/2012/11/14/henrikkniberg/scaling-agile-at-spotify

Manifeste agile : http://agilemanifesto.org/

My O. (2020). L'échec du modèle Spotify. *OyoMy*, 27 avril 2020. https://oyomy.fr/2020/04/l-echec-du-modele-spotify/

Nagel, R. N., & Dove, R. (1991). *21 st Century Manufacturing Enterprise Strategy : An Industry-Led View*. PA : Iacocca Institute at Lehigh University.

Radenkovic, D. (2011). *Des méthodes traditionnelles à SCRUM*. Thèse professionnelle de Mastère spécialité innovation technologies et management de projet, ESIEE Engineering Paris

Yusuf, Y. Y., Sarhadi, M., & Gunasekaran, A. (1999). Agile manufacturing : The drivers, concepts and attributes. *International Journal of Production Economics*, n° 62 (1-2), pp. 33-43.

Entreprise libérée

Bourguinat, É (2019). *De la clôture à l'esprit libre, la transformation de l'entreprise Lippi*. Presses des Mines. https://www.pressesdesmines.com/produit/de-la-cloture-a-lesprit-libre/

Bourguinat, É (2019). *Lippi*. Chaire Futurs de l'industrie et du travail – Formation, innovation, territoires (FIT^2), Mines Paris PSL. Base des cas. https://www.cerna.minesparis.psl.eu/Donnees/data18/1882-Synthese-Lippi.pdf

Casalegno, J.-C. (2017). L'entreprise libérée : une mythologie de contestation pour libérer l'imaginaire dans les organisations ? *Revue internationale de psychosociologie et de gestion des comportements organisationnels*, 2017/56, vol. XXIII, pp. 225-245. https://www.cairn.info/revue-internationale-de-psychosociologie-de-gestion-des-comportements-organisationnels-2017-56-page-225.htm

Chabanet, D., Colle, R., Corbett-Etchevers, I., Defélix, C., Perea, C., & Richard, D. (2017). Il était une fois les entreprises « libérées » : de la généalogie d'un modèle à l'identification de ses conditions de développement. *Question(s) de management*, 2017/4, n° 19, pp. 55-65. https://www.cairn.info/revue-questions-de-management-2017-4-page-55.htm

Collectif des mécréants (2016). *Entreprise libérée : la fin de l'illusion. Tome I : une lecture critique de la mode de l'entreprise libérée, un préalable à l'entreprise délibérée.* https://doczz.fr/doc/3017016/entreprise-lib%C3%A9r%C3%A9e-la-fin-de-l-illusion---e-rh

Dortier J.-F. (2017). L'entreprise libérée, réalité ou imposture ? In J.-F. Dortier (dir.). *Travail, guide de survie*. Éditions Sciences Humaines, pp. 151-162. https://www.cairn.info/magazine-sciences-humaines-2016-3-page-31.htm?contenu=resume

Dubey, A.-S. (2020). *Hervé Thermique*. Chaire Futurs de l'industrie et du travail – Formation, innovation, territoires (FIT²), Mines Paris PSL. https://www.cerna.minesparis.psl.eu/Donnees/data18/1881-Synthese-HerveThermique.pdf

Getz, I., & Carney, B. (2012). *Liberté & Cie. Quand la liberté des salariés fait le succès des entreprises,* Fayard.

Gilbert, P., Raulet-Croset, N., & Teglborg, A.-C (2017), « L'entreprise libérée » : analyse de la diffusion d'un modèle managérial. *Revue internationale de psychosociologie et de gestion des comportements organisationnels*, 2017/56, vol. XXIII, pp. 205-224. https://www.cairn.info/revue-internationale-de-psychosociologie-de-gestion-des-comportements-organisationnels-2017-56-page-205.htm

Gilbert, P., Teglborg, A.-C., & Raulet-Croset, N. (2017). L'entreprise libérée, innovation radicale ou simple avatar du management participatif ? *Annales des Mines – Gérer et comprendre*, n° 127, pp. 38-49. https://www.cairn.info/revue-gerer-et-comprendre-2017-1-page-38.htm

Landivar, D., & Trouvé, P. (2017). Éprouver les entreprises libérées. *Revue internationale de psychosociologie et de gestion des comportements organisationnels*, vol. XXIII, n° 2, pp. 47-61.https://www.cairn.info/revue-internationale-de-psychosociologie-de-gestion-des-comportements-organisationnels-2017-56-page-47.htm?contenu=resume

Ledoux, L. (2017). Les entreprises libérées ou Opale. La grande inversion : « les » valeurs comme objectif, « la » valeur comme conséquence ? In O. de Hemmer Gudme et H. Poissonnier (dir.). *Valeur(s) & management. Des méthodes pour plus de valeur(s) dans le management*. Éditions EMS, pp. 82-107. https://www.cairn.info/valeurs-et-management-2017--9782376870722-page-82.htm?ref=doi

Lima, M., & Dalmas, M. (2017). Entreprise libérée et organisation agile. Deux approches complémentaires de la compétitivité organisationnelle. *Recherche et Cas en Sciences de Gestion*, 2017/1, n° 17, pp. 9-24. https://www.cairn.info/revue-recherche-et-cas-en-sciences-de-gestion-2017-1-page-9.htm

Mattelin-Pierrard, C., Bocquet R., & Dubouloz S. (2020). L'entreprise libérée, un vrai concept ou une simple étiquette ? Une revue systématique de la littérature. *Revue française de gestion*, 2020/6, n° 291, pp. 23-51. https://www.cairn.info/revue-francaise-de-gestion-2020-6-page-23.htm

Nayar, V. (2018). *Les employés d'abord, les clients ensuite. Comment renverser les règles du management.* Diateino.

Peters, T. (1993). *L'entreprise libérée. Liberation management.* Dunod.

Picard, H. (2015). *« Entreprises libérées », parole libérée ? Lectures critiques de la participation comme projet managérial émancipateur.* Thèse de sciences de gestion, Paris-Dauphine. https://www.theses.fr/2015PA090063

Holacratie

Battistelli, M. (2019). Les apports contrastés de l'holacratie à la démocratie délibérative en entreprise. Une étude ethnographique dans une PME de l'Yonne. *RIMHE : Revue Interdisciplinaire Management, Homme & Entreprise* 2019/2, vol. 8, n° 35, pp. 3-23. https://www.cairn.info/revue-rimhe-2019-2-page-3.htm

Battistelli, M. (2020). *Les apports de l'holacratie au développement d'une PME : le cas Mobil Wood.* Chaire Futurs de l'industrie et du travail – Formation, innovation, territoires (FIT[2]), Mines Paris PSL. https://www.cerna.minesparis.psl.eu/Donnees/data18/1884-Synthese_Mobil-Wood_Plateforme.pdf

Robertson, B. (2015). *Constitution Holacracy. Les règles du jeu*, Section 5.2.3. https://www.holacracy.org/constitution

Organisation opale

Laloux, F. (2014). *Reinventing organizations.* Nelson Parker. https://reinventingorganizationswiki.com/

Laloux, F., & Appert, É. (2017), *Reinventing organizations. La version résumée et illustrée du livre phénomène qui invite à repenser le management.* Diateino Eds.

Entreprise à mission

Gomez, P.-Y. (2021a). Pourquoi Emmanuel Faber a-t-il sauté? *Philonomist.com*, 18 mars 2021. https://pierre-yves-gomez.fr/saga-danone-pourquoi-emmanuel-faber-saute/

Gomez, P.-Y. (2021b). Société à mission : un intérêt stratégique pour les entreprises? 12 mai 2021. https://pierre-yves-gomez.fr/societe-a-mission-interet-strategique-entreprises/

Hatchuel A., & Segrestin B. (2012), *Refonder l'entreprise,* La République des idées, Seuil, 2012.

Observatoire des sociétés à mission https://observatoire.entreprisesamission.com/

Rapport Notat-Senard (2018). *L'entreprise : objet d'intérêt collectif.* Mars 2018. https://www.vie-publique.fr/rapport/37199-lentreprise-objet-dinteret-collectif

Richer, M. (2021). La raison d'être : un objet managérial disruptif. 5 avril 2021. https://management-rse.com/la-raison-detre-un-objet-managerial-disruptif/

Richer, M. (2022). Le rôle du management intermédiaire dans la formulation et le déploiement de la raison d'être. 7 septembre 2022. https://management-rse.com/le-role-du-management-intermediaire-dans-la-formulation-et-le-deploiement-de-la-raison-detre/

Roger, B. (dir.) (2012). *L'entreprise, formes de la propriété et responsabilités sociales*, Collège des Bernardins.

Dernières parutions

dans la collection Les Notes de La Fabrique

À la recherche de l'immatériel : comprendre l'investissement de l'industrie française, Paris, Presse des Mines, 2019.

Au-delà de l'entreprise libérée. Enquête sur l'autonomie et ses contraintes, Paris, Presse des Mines, 2020.

Quand le carbone coûtera cher, Paris, Presse des Mines, 2020.

Ces territoires qui cherchent à se réindustrialiser, Paris, Presse des Mines, 2021.

Le travail à distance dessine-t-il le futur du travail ? Paris, Presse des Mines, 2021.

À la recherche de la résilience industrielle : les pouvoirs publics face à la crise, Paris, Presse des Mines, 2021.

Le design du travail en action. Transformation des usines et implication des travailleurs, Paris, Presses des Mines, 2021.

Ajustement carbone aux frontières. L'Europe à l'heure des choix, Paris, Presses des Mines, 2021.

L'industrie à l'épreuve de la crise. Des entreprises affaiblies mais résilientes, Paris, Presses des Mines, 2022.

La tarification du carbone et ses répercussions. Exposition sectorielle au surcoût carbone, Paris, Presse des Mines, 2022.